Rem Koolhaas
Conversaciones con Hans Ulrich Obrist

Editorial Gustavo Gili, SL

Rosselló 87-89, 08029 Barcelona, España. Tel. 93 322 81 61
Valle de Bravo 21, 53050 Naucalpan, México. Tel. 55 60 60 11
Praceta Notícias da Amadora 4-B, 2700-606 Amadora, Portugal. Tel. 21 491 09 36

Rem Koolhaas

Conversaciones con

Hans Ulrich Obrist

GG®

Título original: *Rem Koolhaas. Hans Ulrich Obrist. The conversation series*, publicado por Verlag der Buchhandlung Walther König, Colonia, en 2006.

Versión castellana: Jorge García de la Cámara
Diseño de la cubierta: Toni Cabré/Editorial Gustavo Gili, SL
Fotografía de la cubierta: © Mark Mainz/Getty Images

© VG BILD-KUNST, Bonn para todas las fotografías de las obras de Kem Koolhaas a excepción de la fotografía de la página 74: © Embajada de los Países Bajos, Berlín; fotografía de Christian Richters.

Agradecimientos (en orden alfabético):
Klaus Biesenbach, Francesco Bonami, Fiona Bradley, Thomas Boutoux, Lapo Cianchi / Pitti Imagine, Chris Dercon, Susan Ferleger-Brades, Elena Filipovic, Hou Hanru, Jan Knikker, Walther König, Giuseppe Liverani/Charta, Ma Quinyun, Kayoko Ota, Suzanne Pagé, Julia Peyton-Jones, Ole Scheeren, Misook Song, Nancy Spector, Barbara Vanderlinden, Mark Wigley y Jonathan Wingfield

Printed in Spain
ISBN: 978-84-252-2207-8
Depósito legal: B. 23.800-2009
Impresión: Gráficas Campas, SA, Badalona

Índice

Entrevista sobre China

El año pasado firmaste un contrato con CCTV (la cadena televisiva líder en China) para proyectar su nueva sede en Pekín. Quizá podrías empezar contándonos el estado del proyecto y tu interés en China como país.

El 1 de septiembre de 2006 se celebrará la ceremonia de colocación de la primera piedra, lo que significa que existen muchas posibilidades de que haya un acto oficial. Debería estar acabado para 2007, de modo que pueda funcionar para los Juegos Olímpicos de Pekín de 2008. Para mí, lo excitante no sólo es haber colaborado con la CCTV, sino nuestra prolongada relación con China, una relación que se remonta a 1995, cuando fuimos por primera vez. Traté de entender China antes de involucrarme allí como arquitecto. Una de las principales estupideces de la arquitectura es que su repertorio tiene un único mensaje —cambiar las cosas—, de modo que, en sí misma, la arquitectura resiste por completo a la investigación, la exploración o la valoración objetiva, pues la valoración de una situación no forma parte de tus obligaciones. Se ha dictado que debes hacer o cambiar algo, y la manera de hacerlo

Entrevista realizada para la revista de moda *Numéro*.

Nueva sede de la CCTV (cadena de la Televisión Central China), Pekín, China, 2004-2007.

normalmente está decidida: en el caso del edificio de la CCTV significaba construir un edificio de 550.000 m².

Teniendo el proyecto de la CCTV en mente, China parece desear una arquitectura poderosa, pero también se trata de un deseo basado en el futuro de la cultura visual.

Al principio tuvimos que hacer una elección: participar en el concurso para el World Trade Center o en el concurso de la CCTV. El proyecto del World Trade Center tenía que ver más con la memoria que con algo que demostrara que Nueva York podía ser nuevamente excitante. El proyecto para la CCTV era totalmente diferente. El principal aspecto que nos atrajo fue que todas las instalaciones para hacer y producir televisión estarían en el mismo lugar, en la sede de la emisora. En una situación determinada por el dinero o el mercado, las áreas de producción normalmente se ubicarían en una zona barata de la ciudad, o incluso fuera de ella, los guionistas en el barrio de moda y la parte empresarial en el Distrito Central de Negocios (CBD). No existe organización de noticias que no esté completamente dispersa.

Lo interesante para nosotros es que todas estas entidades de la CCTV se encuentran en un único edificio y pueden organizarse en un bucle, de modo que todas las partes están interconectadas. En las empresas de medios de comunicación, todo el mundo se queja siempre de "los otros", pero en este caso no hay otros. En este sentido, el edificio no pretende ser particularmente espectacular, si bien se trata de la intención metafórica y real del edificio.

Hablabas sobre la paradoja intrínseca a China: hay muchos chinos pero una sola China. Muchos en una o una en muchos.
Recientemente hemos estado especulando sobre qué puede hacer China con lo digital. El país es tan enorme que todo se basa

en satélites, lo que da una cierta fluidez y comunicación. En la actualidad, la televisión desempeña un interesante papel en identificar el descontento popular sobre temas concretos. En la televisión china hay muchos programas que tratan sobre cómo poder corregir las cosas que están mal, algo que pudo observarse con el síndrome respiratorio agudo severo (SARS), que se convirtió en una forma muy obsesiva y cruda de comunicación. Lo que se dice es que incluso en tiempos de histeria de masas, existe esta necesidad de registrar el descontento y tratar con él. Sientes que es un momento muy bonito para involucrarse con este nuevo gobierno. La última vez que estuve en China, llegué una semana antes de que apareciera el miedo al SARS. La ciudad estaba completamente vacía. Todas las piscinas estaban cerradas, de modo que tuve que ir a nadar a estanques públicos. Fue extraordinario ver una ciudad abandonada y después reocupada. Sólo por las noches la gente llenaba fervorosamente las calles. Se tenía la sensación de un nuevo comienzo.

El proyecto parece ser algo más que un edificio en China. Tiene que ver con la cultura en general.

Trato el proyecto como si tuviéramos acceso directo allí donde se define toda la cultura televisiva china. Hay una inmensa cantidad de comunicación muy sofisticada y también muy crítica. Una semana después de empezar el trabajo, invité a cenar a la gente del despacho chino y les pregunté si pensaban que estábamos tratando los temas correctos. Esperaba que dijeran que todo era fantástico; sin embargo, dijeron que estaban muy en desacuerdo con que lo discutiéramos en términos de costes y que parecía que estuviéramos comprometiendo nuestras máximas ambiciones. Esto es lo bonito de la situación, que se trata de una profunda confrontación; de ninguna manera se trata de imponer algo que apenas se ha entendido a una cultura inocente.

Parece como si por toda China cientos de miles de personas estuvieran participando en esta discusión sobre un edificio, algo que no ha sucedido en décadas.

Hay una joven generación que ve este edificio como una completa extravagancia, pues pertenecen a una parte más pobre del país. Lo consideran una obscenidad respecto a los actuales problemas y necesidades de China. También resulta increíblemente embarazoso verse mencionado a la ligera junto a Bilbao [el Museo Guggenheim de Frank O. Ghery] y todo el resto de espectáculos arquitectónicos. Ésta es la crueldad del momento actual: incluso los esfuerzos más serios se ven contaminados por un incomprensible escepticismo. La próxima vez que vaya allá tendremos un debate con los críticos, algo realmente increíble.

Si hablamos sobre el futuro de la cultura visual, algo que resulta muy interesante en China es la reciente aparición de una cultura joven.

Bueno, no es sólo la cultura joven. En el contexto de este proyecto, creo que no nos hemos reunido con nadie mayor de cuarenta y cinco años. En estos momentos parece haber una generación de personas entre treinta y cinco y cuarenta y cinco años que son responsables de todo. Es muy interesante porque, de niños, esta gente sufrió la revolución cultural; cuando tenían doce años pudieron volver a la escuela, cuando tuvieron dieciocho, pudieron salir al extranjero. Estoy trabajando con Ma Quing Yun, un arquitecto emergente chino, quien explica justamente esto. Es más, creo que esta generación no está muy obsesionada con hacerse rica. Pienso que se trata de una especie de propaganda que difunden los periodistas, siempre con la insinuación latente de un colapso inminente. Se insinúa una mentalidad de "materialismo, abuso de los derechos humanos, deseo de hacerse rico".

Todo el proyecto de la CCTV ha sido sustituido de algún modo por tu Proyecto Comunista, que conformó los inicios de tu carrera.
Nos encontramos en un período realmente interesante en el que hay muchas burbujas que están estallando, incluida la burbuja OMA. Nuestra investigación acerca de la influencia de la economía de mercado en la arquitectura también nos ha contaminado con evidentes asociaciones con el mercado, a través de proyectos como el de Prada. Aparentemente, eso nos identificó como gente que hace cierto tipo de propaganda. Hemos tenido que ser más y más radicales, lo que explica por qué ha habido una especie de viraje hacia el este,

hacia Rusia, China y otras economías que implican diferentes potenciales y posibilidades. El tiempo nos ha ayudado, con los mercados paralizados y con el hecho de que toda la clientela americana haya detenido su actividad. Todos estos aspectos están introduciendo un período de nuevas economías en el que se reinventará lo público.

¿Cuál es el estado actual de la investigación comunista?
Fue estrictamente una investigación, pero ahora se está transformando en un compromiso más productivo. Antes de convertirme en arquitecto, eché una primera mirada al comunismo en un contexto diferente, a través de la fascinación por uno de los primeros arquitectos soviéticos, Iván Leonídov. Viajé a Moscú y a Siberia para conocer sus obras de los últimos años de la década de 1960 y principios de la de 1970.

¿Por qué Leonídov?

Fue una elección totalmente instintiva. Leonídov era un arquitecto con prisas. Entonces solía haber concursos muy rápidos donde se debía dibujar con tiza en pizarras y luego entregar esos bocetos. Quizá por ello sus dibujos son tan hermosos, porque son muy gráficos: siempre empleaba líneas blancas sobre negro, en lugar de las líneas negras sobre blanco que normalmente utilizan los arquitectos. Un arquitecto con prisas define sólo una esencia, y eso me atrajo, pues me interesaba la esencia de la arquitectura; trato de huir de los embrollos y la parafernalia de la arquitectura y, de hecho, de toda su cualidad física. Toda esa generación chocó frontalmente con la política de la Unión Soviética y tuvieron que adaptar su arquitectura, aunque ese ajuste produjo algunas cosas muy interesantes.

¿Quieres decir bajo Stalin?

Sí, Leonídov hizo algún trabajo muy interesante en la Plaza Roja [la casa de Narkomtyazhprom], un edificio que por un lado puede considerarse una completa traición al primer movimiento moderno y, por otro, un ejemplo temprano de compromiso con la historia y el contexto.

Hablemos sobre la idea de entretenimiento.

Hemos hablado mucho sobre China y Rusia, y justo en este momento quizá se esté produciendo un viraje hacia esas culturas, lejos de la cultura anglosajona, lejos de la cultura del entretenimiento. Cuanto antes nos demos cuenta de ello, mejor. En mayor o menor grado, hemos estado encerrados en un sistema de explotación dirigido por una visión muy particular del mundo.

Hablas de no imponer arquitectura al mundo, sino de mirar al mundo.

Parece haber cierta contradicción entre esto que dices y diseñar

tiendas. ¿Cuál es la situación del proyecto Prada?
Seguimos trabajando en él. Prada acaba de abrir una tienda en Tokio, obra de Herzog & de Meuron. Lo más interesante de nuestra primera tienda [Epicenter Prada en Nueva York] es que está pensada para que sea mutable –de hecho, la tienda se ha cambiado por completo–, de modo que se trata de un proyecto en curso. También anunciamos que la tienda se basaría en representaciones, de modo que en la actualidad existe un programa de acontecimientos completamente diferentes, en ocasiones culturales, y yo he presenciado algún espectáculo de danza realmente impresionante. Nos hemos alejado del elemento meramente comercial, y Prada se lo ha tomado muy en serio.

La tienda puede entenderse como una especie de "palacio de la diversión", pero también profundizas en la idea misma de ir de compras de un modo muy técnico.
Fundamentalmente, miramos aquello que hace de la compra una experiencia realmente funesta, y quizá lo más funesto es la falta de libertad y la obligación de consumir. De este modo, nos centramos en la posibilidad de negarse. Lo expuesto se muestra como si fuese una especie de comisariado y, por tanto, puede decirse que se muestra también de una forma más crítica, aunque suene ridículo.

Sobre el tema del comisariado, hablemos de los museos. Tus proyectos con el Whitney Museum y el Country Art Museum de Los Ángeles (LACMA) se han cancelado recientemente; parece que también ha explotado la burbuja de los museos.
La burbuja de los museos estalló y resultó doloroso para nosotros, pues estábamos involucrados en esos dos proyectos. Con el museo de Los Ángeles, tratábamos de reinventar los significados de

la exposición, de la experiencia y —citando a Jacques Herzog— del "urbanismo". Nuestra suerte era formar parte del "sistema", al tiempo que intentábamos definir una alternativa a ese mismo sistema. Ocurrió lo mismo en el caso del Whitney Museum; formábamos parte del derrumbe de todo ese sistema tras el 11 de septiembre.

Tanto el proyecto del Whitney Museum como el del LACMA no trataban realmente sobre la construcción de nuevos museos, sino del rediseño de unos museos existentes. En el caso del Whitney Museum nos encontrábamos en una complicada posición *vis à vis* con un edificio muy respetado: aparentemente, no había lugar para ninguna idea "nueva" y tuvimos que realizar exploraciones tanto formales como semiformales desde una especie de sentido legal para dar cabida a algo que fuera diferente. Fue abrumadoramente triste que las primeras personas convencidas fueran las primeras en abandonar y decantarse por lo contrario. Lo que ocurre en el caso del LACMA es que [el millonario coleccionista de arte] Eli Broad está colocando él mismo su edificio en el solar, añadiéndolo a este grupo dedicado al arte moderno, de modo que fundamentalmente está deshaciendo conscientemente la idea original.

Has mencionado que estás al límite, pues estás terminando cuatro edificios al mismo tiempo.
Sí, estamos acabando dos en Estados Unidos y dos en Europa. Los dos proyectos estadounidenses [el centro de estudiantes en el campus del IIT de Chicago y la Biblioteca Pública de Seattle] son de acero y los dos europeos [la Casa da Música en Oporto y la embajada de los Países Bajos en Berlín] de hormigón; puede parecer trivial, pero en realidad existe una gran diferencia en los

Biblioteca pública de Seattle, Estados Unidos, 2004.

Casa da Música, Oporto, Portugal, 1999-2005.

términos que pueden imaginarse. Ha resultado una experiencia bastante traumática, pues es la primera vez que terminamos tantos edificios al mismo tiempo, con lo que se produce una inevitable confrontación con nosotros mismos. Hace seis semanas tuve un día espantoso, pues viajé directamente de Berlín a Oporto y me enfrenté a ambos edificios en una secuencia que físicamente me hizo sentir náuseas.

Todos tus proyectos de los últimos cinco años van a formar parte de una exposición en Berlín.
Sí, estarán dos meses en la Neue Nationalgalerie. Después la exposición viajará a Róterdam y, más tarde, a Moscú y China.

¿Qué representa el formato de la exposición para ti? Haces pocas exposiciones.
Una exposición es una estupenda forma de mirar otras cosas y de entablar relación con otro edificio. También plantea una actitud más fresca e inmediata hacia la arquitectura. Me encanta montar exposiciones, pero desafortunadamente me invitan en pocas ocasiones. No obstante, la exposición en Berlín es realmente difícil porque presentaremos aspectos muy contradictorios de lo que hacemos.

Una cosa de la que no hemos hablado todavía es de la aparición de AMO como segundo despacho.
Bueno, AMO fue el resultado de un sentimiento de inestabilidad. Todo parecía moverse tan rápido que no podía ser captado en arquitectura y, por tanto, requería de otras profesiones y enfoques. De este modo, con AMO hicimos una serie de cosas: una de ellas fue aproximarnos al lenguaje visual. De ahí que el proyecto para

Prada fuera importante. Nos condujo a ser capaces de hacer películas, campañas, a desarrollar algo de lo que te pudieras despojar tan fácilmente como una piel. Estamos llevando el proyecto para la CCTV a un nivel más alto. El segundo aspecto que nos estamos tomando muy en serio es la cuestión europea; esperamos que muy pronto se convierta en un análisis sobre cuántos niveles de comunicación hay, tal vez la falta de entusiasmo que hay en Europa se deba precisamente a la comunicación.

El otro proyecto de AMO tenía que ver con el número dedicado al espacio que hicisteis para la revista *Wired* [11.06, 2003].
En cierto momento quisimos hacer una revista, pero, por supuesto, era muy complicado. Entonces tuvimos la idea de infiltrarnos y redefinir otras revistas. *Wired* fue la primera, y pienso que tuvo un éxito limitado. Lo ideal hubiera sido haber hecho la revista completa de principio a fin, el diseño gráfico y todo, pero el número es un interesante punto de partida en lo que se refiere a qué puedes hacer con otros medios de difusión con un formato preexistente.

¿Qué te movió a producir un número sobre espacio?
Primero quisimos hacer un número sobre el "poder", pero *Wired* nos pidió que hiciéramos algo sobre diseño que no queríamos hacer. Nos decidimos por un número sobre espacio, un tema que nunca habíamos tratado en términos oficiales y que nos permitió hacer un inventario sobre el estado actual del espacio. El momento es muy interesante pues vivimos en un mundo tradicional con su propia historia, sus propias leyes y necesidades; sin embargo, superpuesto a ello, existe toda una serie de sensaciones espaciales distintas, provocadas particularmente por la globalización y por lo virtual. Parecía interesante ofrecer un retrato pixelado de esa situación.

¿Desprecias el término 'futuro'?

No, no lo desprecio, pero soy incapaz de articular ningún tipo de programa para él. Quizá sea simplemente una debilidad, pero de alguna manera no me veo capaz de legitimar cosas para el futuro, a excepción del modo en que ya estamos implicados en él.

Como la mayoría de arquitectos, también has diseñado proyectos que nunca se llevaron a cabo. ¿Cuáles te habría gustado ver construidos?

En nuestro caso, se trata de algo profundamente delicado porque ¡hay demasiados proyectos no realizados! Sin embargo, al mismo tiempo tengo las manos llenas de realizaciones, de modo que es una situación extraña. Puede verse como un fracaso o un éxito. Nunca me ha gustado el resentimiento que implica esa consideración.

Pero hay ciertos proyectos que sencillamente no pueden realizarse en las actuales condiciones de la sociedad.

Eso se debe más a razones internas de la arquitectura. En el próximo libro que estamos preparando, no nos interesa enseñar las cosas de una manera nostálgica pero sí mostrar cómo fue la creación concreta de cada edificio, casi como si el libro fuera una especie de muestrario de patentes: ¿qué tema trataba?, ¿cómo se resolvió? Más allá de nuestros bocetos, queremos presentar la arquitectura como una forma de pensamiento que no se plasma únicamente en los proyectos, sino que tiene una continuidad.

Entrevista sobre Europa

Desde hace tiempo has estado llevando a cabo una intensa reflexión sobre Europa. Su punto culminante parece ser tu reciente serie de exposiciones titulada *The image of Europe* y el vasto panorama sobre la historia europea. ¿Cómo empezó este proyecto? Recuerdo que hace unos años me hablaste de tu participación en un comité asesor sobre Bruselas en el que también participó Umberto Eco...

En diciembre de 2000, en la cumbre de la Unión Europea (UE) de Niza, se decidió que Bruselas sería la capital de la UE. Participaron Romano Prodi, presidente de la Comisión Europea (CE), y Guy Verhofstadt, Primer Ministro belga, pero ninguno de ellos era consciente de las implicaciones de esa decisión. Así que juntos convocaron a un grupo de personas y tuvieron un día de sesiones para compartir ideas, seguido por otros dos encuentros más. Era un grupo muy interesante, aunque la mayoría de las personas eran hombres. Entre otros, el grupo incluía a un realizador francés, al hombre que inventó Swatch y a Umberto Eco. Pasamos el primer día

Publicada en: Vanderlinden, Barbara y Filipovic, Elene (eds.), *The Manifesta decade: Debates on contemporary art exhibitions and biennials in post-wall Europe*, The MIT Press, Cambridge (Mass.), 2005.

tratando de definir cuáles eran los elementos o emblemas de "una capital", y se nos pidió que ideáramos una institución "europea", como un museo de la civilización "europea". Sin embargo, sentíamos que ese tipo de instituciones eran realmente lentas, pesadas, costosas y poco interesantes. Creo que fue Umberto Eco quien propuso que en lugar de un museo de verdad deberíamos concebir un museo virtual. La impresión más crítica y dolorosa que surgió de todo aquello fue lo poco que yo y otros invitados conocíamos sobre el funcionamiento de la Unión Europea. Así que regresé al despacho un poco avergonzado por mi profundo desconocimiento como intelectual europeo de la institución que ha estado cambiando drásticamente Europa. Tomé la determinación de corregir nuestra ignorancia. Ésta era la base de nuestro proyecto sobre Europa. Empezamos examinando Bruselas y preguntándonos qué se podía hacer en esa ciudad, analizando cómo está presente "Europa" en Bruselas. Esto condujo a que AMO iniciara un estudio sobre la iconografía de Europa y, en consecuencia, a estudiar la situación de esa iconografía en la actualidad.[1] Presentamos el estudio a Romano Prodi y Guy Verhofstadt, quienes a su vez nos preguntaban si nuestro trabajo podía considerarse el resultado oficial o producto de las reuniones de ideas. Y ésa fue, por defecto, nuestra participación en el comité.

En el pasado hablamos sobre ciudades invisibles, especialmente en el contexto de tu proyecto Mutations, pero lo que describías es, en cierto sentido, un continente invisible: Europa. De nuestras primeras entrevistas recuerdo conversaciones en las que te enfrentabas con la extraña "invisibilidad" del continente. ¿Podrías hablar un poco sobre este tema?

Para AMO, el proyecto The image of Europe ha sido especialmente interesante, pues trabajamos tanto tiempo en él que nos permitió hacerlo en diferentes fases y llegar a conclusiones que no eran tan evidentes en un principio. En esencia, encontramos que la iconografía que representa Europa es profundamente inadecuada, y creo que ello se debe en parte a la baja consideración que se tiene de Europa, algo que descubrimos cuando examinábamos la ciudad de Bruselas pero también la historia de la Unión Europea y cómo se representa a ella misma. La ambición de crear una Europa unida es un proyecto tan increíble y tuvo que superar tantos obstáculos que, al principio, cierto grado de invisibilidad resultó productivo para avanzar, pero más tarde se convirtió en problemático en términos de comunicación. Nuestro propio trabajo evolucionó con el tiempo hacia dimensiones inesperadas; abandonamos el énfasis en la iconografía y empezamos a examinar qué había logrado la Unión Europea, cómo lo había hecho y las razones fundamentales de su existencia, pero también cómo fue constituida y qué direcciones potenciales podría tomar en el futuro. Entonces comenzamos a estudiar cómo podían transmitirse tales logros.

Recuerdo que a menudo hablabas de dedicarte a la política.
Jacques Delors habla sobre este tema y sobre la necesidad de repolitizar la sociedad, al exponer que en la actualidad existe una crisis política triple: una crisis de la nación-Estado, una crisis de políticos que buscan nuevos proyectos y nuevos valores comunes, y la crisis de la construcción europea, lo que resulta una paradoja, pues nunca antes Europa había sido tan interesante y activa; hay nuevos países que quieren unirse a la Unión Europea...
Curiosamente, cuando empezamos a trabajar en este proyecto a principios de 2001, no había ningún interés en Europa como institución política. Realmente era un punto en negro. En ese sentido, se trata de una evolución fascinante que en cuatro años se

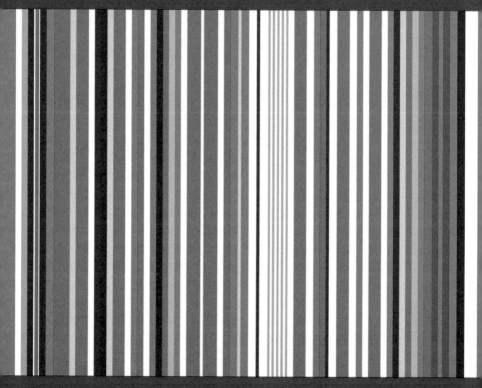

Propuesta para la bandera de la Europa de los 25.

haya convertido en el tema fundamental; es una evolución fantástica. Si embargo, también significa que teníamos que cambiar nuestro tono constantemente, pues al principio tuvimos que llamar la atención hacia un tema desconocido que ahora todo el mundo sabe que es crucial.

¿Cómo condujo a la exposición de Múnich y Bruselas el estudio inicial, y cuándo apareció en este proceso la creación de una bandera de código de barras para Europa? En el pasado has hablado de propaganda y de la naturaleza propagandística de este tipo de cosas como banderas y códigos. ¿También es éste el caso? La bandera refleja una primera idea juguetona y no especialmente seria. Sugería que debería haber otras formas de hacer visible la UE que fueran más allá de la aspereza de los símbolos existentes. Cuando la estudiamos en mayor profundidad, nos dimos cuenta de que, dado que los estados y los gobiernos realmente ya no hacen propaganda ni difunden más las razones de la UE, Europa necesitaba desarrollar su propio diálogo para explicar y anunciar por qué existe. Estudiamos la historia de la propaganda. La propaganda normalmente se define mediante frases cortas o temas simplificados. La belleza de Europa radica en que no puedes simplificarla, puesto que se trata de un proceso infinitamente complejo. Así que finalmente interpretamos que estábamos haciendo propaganda para la complejidad, una paradoja, pues ambos elementos normalmente no encajan. Por tanto, la exposición consistía en dos partes: la historia de Europa y la historia de la UE. Por primera vez después la II Guerra Mundial fue posible definir una narrativa objetiva europea e integrar toda la historia sin mentir, aunque, no obstante, salvando las paradojas que caracterizaban Europa: que una nación de villanos sea al mismo tiempo una nación de héroes.

Si observamos las tensiones actuales entre China y Japón, se ve que esta historia única ha sido un éxito. Realmente es un tema muy persistente. En nuestro proyecto hicimos un esfuerzo muy serio por desarrollar una narrativa que resulte válida para todas las partes y que cuente la historia de la UE, que incluya todos los momentos importantes, desastres, crisis, polémicas, actores y desencadenantes de cambio, de una forma que no se hubiera hecho y que fuera accesible. Tenemos nuestras dudas, por supuesto. Nos preguntamos si, desde un punto de vista intelectual, es lo suficientemente serio o respetable, o si es lo que hay que hacer en este momento; por un lado podría ser más serio, por otro lado, más populista. No obstante, creo que en última instancia propone dimensiones plausibles para la historia de Europa.

En mi opinión, estas múltiples dimensiones lo convierten en un proyecto muy interesante. Me gustaría preguntarte más sobre cómo tomó forma el panorama histórico. En él, entran en acción escritos de pensadores como Jacques Derrida, Peter Sloterdijk y Benedict Anderson, entre otros. No pensaba en el proyecto como un trazado del pasado acabado o imprevisible de Europa, sino como una forma de memoria dinámica; Derrida lo llamó "doble memoria". En Europa, las fuerzas reaccionarias están acaparando el uso y toda la idea de memoria, haciendo que sea estática. De una manera sorprendente, lo que mostrabas era la posibilidad de utilizar la memoria de un modo dinámico. La neurociencia ha demostrado que la memoria es dinámica, pero creo que Europa tiene una especie de problema de memoria...

Creo que es completamente cierto, y es por eso que se trata de un proyecto increíblemente interesante, pues realmente se navega entre el exceso de sensibilidad de los políticos, la vaguedad del interés del europeo medio, el puritanismo del mundo del arte y los celos del mundo académico. Es un territorio muy disputado. Cuanto más pienso en ello, más creo que ésta podría ser nuestra tarea: tratar de deshacer algunos de esos límites y cuestionar algunas de esas categorizaciones. Me he dado cuenta de que vivimos en un momento completamente paradójico de modernización, donde toda la modernización está dirigida por la nostalgia, en cada nivel. No obstante, no tenemos ningún interés por el pasado, por la historia. Por ejemplo, Auschwitz se ha convertido en nostalgia, y cada vez hay más y más instrumentos de memoria y menos de *recuerdos reales*. Es algo bastante perverso. La nostalgia significa vivir permanentemente en una forma de negación, y lo que resulta particularmente siniestro es que está dirigiendo tanto a la derecha como a la izquierda, tanto a los intelectuales como a la población en general. Lo que subyace en todo esto y, de hecho, es la operación esencial necesaria, es redefinir qué significa "moderno".

Lo que resulta asombroso de tu proyecto es que muchas de esas cosas se visualizan realmente; se ven a través de fotografías, cronologías, mapas, etc., incluso más que a través de textos. Si se mira un mapa, se comprueba que Europa no es un espacio homogeneizado. ¿Puedes decirnos algo sobre cómo combinan esas visualizaciones con el aspecto multilingüístico del proyecto? Tú lo llamas Eurobabel, una dimensión babeliana del multilingüismo...

Lo que en última instancia es hermoso del proyecto EU −y quizás en este momento estemos viviendo un momento muy intenso− es que, a pesar de los esfuerzos de los políticos y los burócratas, hay un nuevo entendimiento de la evolución y del resurgir de Europa que es completamente independiente de ellos. No se da la construcción en curso de un superestado, sino más bien la coexistencia de la diferencia, la construcción de una virtud a partir de la diferencia. Este hecho es algo increíblemente raro. En este momento hay mucho miedo a que las diferencias entre los países europeos estén desapareciendo, y así es como funciona la EU. Los etnólogos están constantemente contabilizando las lenguas que desaparecen, las culturas, las especies, etc. Pero, de hecho, Europa es una contrafuerza muy potente frente a ese aplanamiento y está invirtiendo en la conservación de la diferencia regional, aunque irónicamente a costa de cierta "ineficacia".

Se podría decir que todo el proyecto es un proyecto posterior al 11 de septiembre, en el sentido de que sentíamos que había una razón de peso para desarrollar un nivel de representación de Europa que fuera lo suficientemente fuerte como para que George W. Bush no abusara de ella, pues Bush ha estado introduciendo todo tipo de presiones ante cualquier unión que intentara Europa. Éste es el tema subyacente en todo el proyecto. No obstante, otro eje es que a partir del 11 de septiembre somos capaces de darnos cuenta de que existe una conexión entre Europa, Rusia, China e India. Esto significa que, durante los próximos veinticinco años, Eurasia va a ser el lugar de la creatividad, la productividad y la consiguiente interacción entre estas distintas realidades, y se identificará la relación entre ellas como un conjunto mayor. Es una intuición que tengo, pero estoy completamente convencido de que es cierta y, como podrás recordar, lo descubrimos examinando el incremento de tráfico aéreo a expensas del círculo atlántico.

La exposición del proyecto en Bruselas tomó la forma en una carpa que revisitaba el panorama, algo que muchos artistas han estado utilizando desde el siglo XIX. He estado reflexionando sobre los panoramas, entre otras cosas, sobre el panorama alpino no realizado de Giovanni Segantini para la Exposición Universal de París en 1900.

Por definición, los panoramas tienen la intención de presentar una vista singular que lo abarca todo, pero en vuestro proyecto, lo panorámico está hecho de visiones paralelas o contradicciones; las líneas de visión en vuestro panorama toman dos direcciones.

Estuvimos pensando mucho tiempo en cómo podíamos hacer la exposición de Bruselas. Fue un proyecto en colaboración con Jens Hommert, Reiner De Graaf y Brandon McGetrick, y Jens fue especialmente el responsable de la parte de la exposición. No sé exactamente cómo, pero desde el principio empezamos a barajar la idea de dos panoramas entrelazados. El panorama es, por supuesto, muy tradicional. Creímos que era muy importante no hacerlo virtual, ingenioso, ni realizado por ordenador ni tecnológicamente, pues con esos medios consigues una secuencia narrativa suave y cierta supresión de la tensión entre historia y presente. Lo bonito de la carpa era que el panorama definía un espacio central, donde creamos una sala de juntas con una colección de objetos emblemáticos, como la estatua de Jean Monet y, en especial, el *Aquis communautaire*, el libro de 80.000 páginas con todas las leyes que, juntas, definen "Europa".

Volvamos de nuevo a la memoria. Una de las cosas que quiero preguntarte es la relación que tiene la cultura con tu proyecto. He estado releyendo a Dennis de Rougemont, uno de los protagonistas fundadores con su idea de una Europa cultural. Me pregunto cómo ves *The image of Europe* como proyecto cultural del siglo XXI.

Pienso que hablar de un "proyecto cultural" en la actualidad es demasiado limitado, y esto se debe en parte a que la cultura forma parte de la economía de mercado. Quizás el único ámbito que no se ha visto completamente absorbido por el mercado es la política.

Si hablamos sobre la imaginación real que se encuentra en la superficie de algo más que fuerzas comerciales o fuerzas estrictamente limitadas, entonces la política es cultura en sí misma. Esto también son consecuencias positivas de la globalización: vivimos en un momento tan increíblemente radical que la mejor forma de participar es a través de la política en lugar de la cultura. Sin embargo, resulta maravilloso dar al proyecto una lectura cultural e interpretarlo también como un esfuerzo por politizar la arquitectura.

¿Ves esto como un paso más allá de la arquitectura? En realidad, este proyecto —instalado en una carpa de circo *readymade* en un espacio público de Bruselas y, más tarde, en un museo de arte, la Haus der Kunst en Múnich— tuvo poco que ver con construir o imaginar una nueva arquitectura, incluso menos todavía con el diseño. Pensaba que en este sentido tu proyecto sería un gran paso adelante para ti...

Es lo más lejos a lo que hemos llegado sin hacer referencia explícita ni mantener conexión alguna con la arquitectura, y en última instancia el proyecto estaba verdaderamente dirigido por la ambición de desconectar de la arquitectura. Personalmente, para nosotros ha sido increíblemente importante que —mientras el resto del ámbito arquitectónico está cada vez más preocupado por las bienales de los últimos años y se mueve hacia un sorprendente proceso de homogeneización— quisiéramos distanciarnos y anunciar nuestra definitiva falta de interés en ello.

El proyecto *The image of Europe* no sólo no fue arquitectónico de manera explícita, sino que tomó la forma de una *exposición*. ¿Qué posibilidades crees que tienen las exposiciones (de todo tipo, pero también las de arte contemporáneo) de despertar una conciencia pública sobre temas importantes, o de motivar un cambio en general? Lo pregunto porque cada vez más las exposiciones internacionales a gran escala como Documenta, la proliferación de bienales por todo el mundo, e incluso la bienal europea Manifiesta, tienden a convertirse en plataformas de visualización y discusión de las implicaciones políticas de la globalización, la apertura de fronteras, la inmigración e incluso Europa.

La cuestión que abordaba la exposición *The image of Europe* eran las limitaciones para la construcción de Europa, sus progresos y su futuro, independientemente de cualquier otro tema y dejando a un lado nuestros "sentimientos" sobre Europa.

De hecho, el proyecto es un interesante apéndice de tu primer proyecto de arquitectura, *El Muro de Berlín como arquitectura* (1970). Recuerdo que cuando hablamos sobre el proyecto en una entrevista anterior, decías: "Para mí, ver el Muro de Berlín como arquitectura fue la primera revelación extraordinaria de cómo en arquitectura la ausencia puede ser más potente que la presencia".[2] Dijiste también que esta obra tuvo un impacto en tu posición contra la arquitectura, que, en cierto sentido, parece totalmente realizada con *The image of Europe*. Mucho ha cambiado en Europa desde ese momento de la década de 1970, en particular el estatus de esa pieza de "arquitectura" que en su día recorría Berlín.

Me pregunto si podrías hablar de Europa como un resultado de 1989 y los cambios que ves desde la caída del Muro, algo que quizás ha sido menos discutido. ¿Sientes, por ejemplo, que Berlín Oriental y Berlín Occidental ahora actúan como si el Muro no los hubiera dividido nunca?

Ahora Europa es como una película a cámara rápida que enseña qué ocurre tras la eliminación del Muro, primero a Europa, Oriental y Occidental, pero finalmente a Asia y al mundo entero. Retrospectivamente, está claro que el Muro tuvo incluso mayores consecuencias de lo que nadie pudo haber imaginado entonces: mantuvo a Europa y Asia separadas y, por tanto, a Europa y América unidas. Ahora que ha desaparecido, entiendes lo que en realidad evitó que ocurriera.

En esta Europa post-1989, ¿qué nuevas instituciones son necesarias para responder a estos cambios? Por ejemplo, me he estado preguntando si deberíamos inventar una nueva escuela en Europa, quizás una Black Mountain College europea...[3]
Eso podría ser en realidad nuestro proyecto: lugares que puedan competir con las mejores universidades estadounidenses. Se podría tener a miles de estudiantes chinos e indios en Europa, pero no hay lugar al que puedan ir. Europa debe construir algo completamente diferente, una especie de laboratorio donde investigar, por ejemplo, la relación entre poder, ejército, religión, raza e historia.

Si uno examina toda la cuestión de la ampliación de Europa hacia el Este, un laboratorio de este tipo parece especialmente relevante y podría ayudar a hacer que la expansión europea fuera más productiva. Porque la idea de expandirse, de desplazar fronteras, no sería un fin en sí mismo. Y esta expansión no privaría a Florencia, Berlín o Viena de hacerse la pregunta sobre cómo desarrollarse más en la Europa del siglo XXI.
Sí, creo que, en ese sentido, la situación presente es similar al renacimiento: la explosión que ocurrió en torno a los centros de diferentes ciudades y sus definiciones *vis à vis* unas con otras. En estos momentos estoy leyendo y pensando mucho sobre el pasado. El renacimiento construyó un tipo de modernidad que no era

El Muro de Berlín como arquitectura, 1970.

nostálgica, aunque se basara en el estudio del pasado. Una de las cosas más increíbles del renacimiento es que la gente entonces estudiaba la antigüedad, pero lo hacían al tiempo que se echaban por tierra y se enterraban literalmente a diario nuevos aspectos sobre ella. Esto cambió toda la interpretación, de modo que la antigüedad se encontraba en un proceso dinámico constante de elaboración, aunque fuera el pasado.

Se podría decir que la relación de Europa con su pasado es aquella que se deja ver en la nostalgia por sus momentos de fortaleza, incluso si esos momentos son, en cierto sentido, muy remotos. Querría preguntarte sobre la debilidad y la fortaleza en relación a Europa, no porque sienta interés en una propaganda de la fortaleza, sino porque me interesa cómo hacer que la debilidad de Europa se transforme en fortaleza. Parece que en estos momentos Europa se encuentra en un estado increíblemente débil...

Teóricamente, en estos momentos Europa está reinventando su poder, y el poder está en el *Aquis communautaire*, en la acumulación de leyes. En este caso, las leyes determinan la calidad de la comida, de la comunicación, de los derechos políticos, de los derechos de los trabajadores, etc. Estas leyes conforman una nueva forma de poder, más potente que las armas y, de hecho, las 80.000 páginas de leyes representan un constructo ideológico que, a partir de ahora, hasta cierto punto convierten a quien las sigue en un "europeo". Las leyes tienen un gran efecto en el mundo, porque, por ejemplo, para tener una mejor comunicación comercial con Europa, algunos países están adoptando partes enteras de la legislación de la UE; lo llaman "legislación distribuida", lo que creo que es una bonita palabra. La UE exporta sus leyes y las negocia constantemente. Básicamente, el Tercer Mundo ha dicho que los requerimientos sobre higiene constituyen una forma indirecta de discriminación, de modo que ahora la UE está pensando rebajar sus requerimientos. Sin duda, creo que esas leyes representan la forma futura de los intercambios de poder. Se ve cómo Ucrania y otros futuros miembros mejoran drásticamente sus condiciones; Turquía también lo ha hecho, de modo que ya ha producido un enorme efecto. Ésta es la paradoja de nuestra supuesta debilidad interna y de la invisibilidad de nuestro poder...

Si nos referimos a Europa, también es importante apuntar la noción de ciudadanía. He estado pensando mucho sobre la noción contemporánea de ciudadano junto con Stefano Boeri y Barbara Venderlinden. Hemos hablado sobre el ciudadano en los términos que Boeri denominó como "franjas de percepción", la idea de que ser ciudadano en la actualidad no tiene tanto que ver con la pertenencia individual y fija a un lugar geográfico, como con la construcción de un *collage* personal modulado por los diferentes lugares que uno atraviesa cada día, todos los lugares a los que uno viaja, donde vive, emigra. En tu caso, se podría decir que compones un *collage* extremo de ciudadanía: tu despacho se encuentra en Róterdam, tienes casas en Londres y en Ámsterdam, viajas a distintos países casi cada semana, incluso te mueves a modo de *collage*, construyendo tu propia ciudad cuando vas. Esto podría llamársele tu "franja de percepción". Pero también es válida para alguien que vive en Essen, en la cuenca del Ruhr, y que originariamente procede de Turquía o Marruecos. Me gustaría que nos hablaras sobre esta idea de una diferente forma de ciudadanía en Europa o en el mundo...

Creo que el debate actual sobre inmigración está tomando un tono suicida y peligroso, pues lo que la resistencia a la inmigración

niega –y creo que está fundamentalmente relacionado con la incapacidad de captar la contemporaneidad– es lo que constituye el potencial de Europa. No nos alarmamos lo suficiente al aceptar alguna de las consecuencias positivas. Por poner un ejemplo, en el Ámsterdam de la década de 1960, había un horrible proyecto urbano, el Bijlmermeer, en el que en 1972 se instaló la comunidad blanca, empezando a quejarse de que no estaba acabado, de modo que inmediatamente se volvieron a la ciudad. Esto significó que los edificios pasaron a estar disponibles para los recientes inmigrantes de Turquía, Ghana, etc. En Ámsterdam se produjeron las discusiones más increíbles entre los jóvenes políticos de izquierda y los académicos, diciendo: "deshaceos de esto, de aquello y lo de más allá". Fue cuando encontré que el mundo académico era básicamente inútil, pues, de hecho, aquellos edificios resultaron ser increíblemente creativos, capturando el dinamismo y diversidad de todos esos nuevos ciudadanos. Los inmigrantes hicieron suyo todo el proyecto del complejo y ellos mismos organizaron las cosas, dedicando manzanas a unas nacionalidades y otras. Importaron sus propias medicinas y mercancías y abastecieron sus propios supermercados. Todo se convirtió en algo increíblemente multilingüe y crearon sus propias emisoras de radio. De hecho, lo que ocurrió fue realmente asombroso, pero nadie lo vio ni lo entendió, e incluso en la actualidad se lo considera una zona desastrosa. Pienso que en el resto del mundo ocurren las mismas cosas, como, por ejemplo, la típica pizzería alemana regentada por turcos, y la discusión entre los políticos todavía está en si deberían conocer la historia de Alemania y tener un mínimo sentimiento de pertenencia a una identidad, etc. Es una idea completamente contraproducente y reaccionaria y también parte de esta nostalgia. Sería realmente interesante localizar ese momento en que la nostalgia comenzó a convertirse en el estilo dominante.

¿Y cuándo lo situarías? ¿Dirías que en el posmodernismo?
Creo que probablemente fue antes, ¿no?

---

[1] Fundado en 1998, AMO es el comité de expertos dependiente de Office for Metropolitan Architecture (OMA), despacho que Rem Koolhaas fundó en Londres en 1975 junto a Elia y Zoe Zenghelis y Madelon Vriesendorp. Mientras OMA, con sede en Róterdam, continúa proyectando edificios y planes urbanísticos, AMO (una inversión del acrónimo OMA, más que una palabra por derecho propio) se centra en las ideas, la teoría, lo virtual y lo no construido [N. del Ed.].

[2] Obrist, Hans Ulrich, *Interviews* (vol. 1), Charta Press, Milán, pág. 514.

[3] Black Mountain College fue una escuela fundada en 1933 en Asheville, Carolina del Norte, que durante veintitrés años fue una de las máximas representantes de la enseñanza progresista en Estados Unidos [N. del T.].

Entrevista entre ciudades

¿Crees que existe una relación difícil entre arquitectura y fama?

Yo incluso hablaría explícitamente del efecto de la celebridad en la arquitectura; ni que decir tiene que se trata de un efecto muy negativo, en el sentido de que ahora ambas se han hecho mutuamente dependientes e inevitables. Aquí los famosos eran Dennis Hopper, Lord Hutton y Jeremy Irons, quienes por supuesto constituyen una especie de marca Guggenheim, pues dondequiera que abra un nuevo Guggenheim, allí están para ofrecer sus servicios.

¿Se extiende este hecho más allá de la imagen e impacto mediáticos sobre la propia arquitectura?

He mencionado que la arquitectura es un espacio que nos deja abrumados y creo que puede constatarse estupendamente en la instalación de Frank O. Gehry, una especie de autopista imaginaria con pliegues y toboganes hacia el auditorio, acompañada de una serie de formas cónicas de titanio que contienen las motos.[1] Creo que la instalación fue más cara que la arquitectura, y eso es también una estadística importante.

Entrevista realizada para la revista de moda *Numéro*.

¿Es esta proporción un factor en el interior de tu museo en Las Vegas?

El museo era una especie de ajuste respecto a las entidades formales del casino, y resultó un espacio mucho más pequeño que en parte podría haber compartido el vestíbulo con el casino a la izquierda y que también se vuelca al exterior. Consiste en tres salas con unos muros muy grandes y pesados que pueden trasladarse para crear diferentes combinaciones. La gran apuesta consistía en si el gran arte (e inevitablemente, este sistema debe forzar las cosas) podría sobrevivir en este entorno y si la transición desde el casino hacia el espacio artístico podría orquestarse de manera que hiciera justicia a ambos, de modo que no fuera un problema para el casino ni tampoco nefasto para el aura del arte. De este modo decidimos hacer casi una caja fuerte con la que envolver el arte, crear únicamente relaciones muy limitadas y organizar el interfaz de manera bastante agresiva, de manera que permitiera poca comunicación.

¿Qué enfoque diste a la presentación de las obras en este edificio de apariencia segura?

Tomamos el ejemplo del Museo del Hermitage, donde los óleos están colgados sobre terciopelo y en ocasiones sobre tejidos realmente extravagantes (un cuento de terror para los puristas). Cuando miras los cuadros, en muchas ocasiones resulta tremendamente apasionante, de modo que decidimos hacer todo el edificio de acero cortén y ver si podíamos colgar los cuadros sobre el acero; con ello pensamos que podríamos conseguir efectos parecidos pero con significados radicalmente diferentes. Esto fue un experimento que hicimos en el Museum Boijmans de Róterdam, donde trabajamos temporalmente con Richard Serra como fondo para los cuadros de Picasso. Básicamente suponía que podíamos colgar todos los cuadros con imanes y desarrollamos un nuevo sistema crítico que he patentado, ¡mi único invento! El verdadero descubrimiento es que los cuadros sobre el cortén en general parecen sorprendentemente hermosos y que realmente el fondo resalta sus cualidades. Incluso los propios volúmenes –que presentan el mayor tamaño posible de la chapa de cortén– los enmarcan de una forma que difícilmente se hubiera podido predecir: fue muy excitante. Teníamos muy poco dinero, así que para la librería sencillamente envolvimos parte de la arquitectura existente.

¿Hay otros conceptos o intenciones clave para el museo que puedan definirse con concisión?

El museo también explica la producción actual de edificios, que creo que es radicalmente diferente de la de hace treinta años, cuando los edificios tenían sustancia. Sin embargo, ahora sobre todo son aire y espacio espantoso, y la mayoría de ellos son corporativos. Se nos ha acusado de cinismo. Ni que decir tiene que eso es completamente falso. A nosotros sólo nos interesa describir las condiciones contemporáneas y hemos sido claros en nuestras investigaciones durante los últimos treinta años, convencidos de que cualquiera que trabaje en cultura, trabaja en una situación donde la presencia de lo público se ha debilitado en favor de lo privado y donde la economía de mercado ha promovido un nuevo régimen. Quizás el Guggenheim también esté en crisis, en el inicio de un nuevo capítulo; se trataba de un sistema al que llamábamos el Nuevo Sistema YES, sencillamente porque descubrimos que si colocas juntos los símbolos del yen (¥), del euro (€) y del dólar ($), se obtiene la palabra YES. Por descontado, esto no quiere decir que lo aprobemos, pero existe una terrible ingenuidad en torno a la crítica y vida contemporáneas, donde cada vía por la que te intereses se asume automáticamente como el área de trabajo que ocupas.

¿Podrías ponerme algunos ejemplos de cómo las presiones de la economía de mercado afectan a la práctica arquitectónica?

Tal como he mencionado, hemos estado examinando el hecho de ir de compras y cómo se ha desarrollado, empezando por el mercado y pasando a consolidarse después en la escala de la galería comercial y de los grandes almacenes, cada vez más y más grandes, pero todavía se trata de ir de compras en su forma pura. Esto está cambiando en la actualidad y forma parte del mismo giro de lo público a lo privado, que se infiltra en cada actividad individual conocida por el hombre −estar en un aeropuerto, una iglesia o un museo, una institución educativa, un hotel e incluso la propia casa−, hasta el punto de que estas actividades ya no son concebibles o sostenibles sin los ingresos adicionales que representan las ventas y donde las compras ya no son posibles sin la hibridación de todas estas otras actividades. Queramos o no, estamos viviendo en una nebulosa completamente problemática donde la antigua distinción entre entidades, instituciones e identidades ha cambiado fundamentalmente, y esto ha tenido un efecto radical en la arquitectura. Por ejemplo, los arquitectos no contemplan este problema; si miramos las revistas de arquitectura desde un punto de vista estadístico, se pone de manifiesto que ir de compras ocupa la posición número treinta en los índices de popularidad, y es sencillamente algo sobre lo que nunca se escribe y que permanece invisible.

Pero si se considera que ir de compras está presente de muchas maneras en el núcleo de la arquitectura actual, ¿por qué piensas que ir de compras no es un tema popular en sí entre la profesión?, ¿cuáles son las implicaciones y qué piensas que podría significar? Quizá signifique que todavía pensamos la arquitectura como algo modesto y, de hecho, como "edificios exteriores", una especie de *tour de force* de la excavadora y del aire acondicionado, algo que

Guggenheim Museum, Las Vegas, Estados Unidos, 2002.

simplemente ya no es así. Básicamente, hasta ahora ha habido opciones ilimitadas, de modo que, por supuesto, el mundo de la arquitectura ha cambiado. Una de las consecuencias es que los materiales se han hecho irreconocibles. Ninguna arquitectura es lo que parece –básicamente es madera, o madera con algodón y cartón, y sólo establece interfaces mínimos con el mundo–, y la llamada "piel" a veces no es más gruesa que un milímetro. Después está la imagen de la arquitectura completa y fundamentalmente insustancial y quizás ésa sea la interesante conexión directa con Robert Venturi, quien pensaba que los edificios seguirían siendo edificios y que la ciencia se apoderaría de las tareas iconográficas implicadas. Sin embargo, irónicamente, son los propios edificios los que se han convertido en signos con un orden fundamentalmente diferente y exagerado. Para mí no hay diferencia con el anterior, que es obsoleto y técnicamente malo, ni siquiera con el edificio de Gehry, que no es más que piel y forma basados exactamente en las mismas técnicas y tecnologías. Confieso que potencialmente es más artístico o más hermoso, pero fundamentalmente es igual de insustancial. Creo que el efecto de la arquitectura sobre la ofensiva actual del ir de compras es que obliga a la arquitectura a una exuberancia o a una santidad exageradas.

¿Puedes hablarnos del espacio basura?

Una de las consecuencias del espacio basura es que las partes del edificio nunca están todas en el mismo espacio, lo que significa que ciertas partes mueren mientras que otras renacen, unas están en uso mientras otras todavía se están acabando. De este modo, mientras los edificios solían ser de una única época, ahora cada parte tiene un marco temporal distinto y nos hemos acostumbrado al hecho (aunque sea una situación desquiciada) de que la mitad de nuestro proyecto esté en proceso de cambio. Ahora sólo se trata de encintar y encolar, ni siquiera de martillear. Por tanto, este exponerse de una forma increíblemente participativa de cada individuo, desde el más famoso al más normal, se ha convertido en la fuerza predominante (y esto sólo puede tener que ver con la economía de mercado). Creo que Andy Warhol lo dijo divinamente –probablemente en 1972–: que todo el mundo sería famoso durante quince minutos. Creo que la realidad es mucho más trágica, mucho más cercana al infierno, y que todo el mundo será famoso para siempre. ¡Estamos condenados a ser colectivamente famosos! Así que, básicamente, elaboramos un texto, que se titula *Espacio basura*,[2] para definir la arquitectura con la que estamos trabajando, basado en el famoso modelo económico que ha impulsado la economía de mercado durante los últimos treinta años. Como es bien sabido, en varias teorías la "basura espacial" son los detritos generados por los diferentes satélites y empresas planetarias. En cierto modo, el mundo entero depende y tiene el mismo estatus basura, el *espacio basura*. No es un término negativo, pero es el tipo de término que define las expectativas y las propiedades que hoy puede tener la arquitectura.

Has mencionado los proyectos del Guggenheim y de Las Vegas, que describes como experimentos. En Róterdam estuve presente en el experimento de Richard Serra y los cuadros, y fue un momento de experimentación real en términos expositivos. Creo que tiene un gran interés en la situación actual, donde el museo se ha convertido en una cuestión de tanta exterioridad, casi como si fuera un signo. Quizá sea interesante hablar algo más sobre este cambio del museo. Lo interesante de Las Vegas es que transforma la idea de exposición una vez más. En mi opinión, lo más interesante es nuestra discusión sobre la situación actual y el futuro de los museos. Una de las preguntas que quería hacerte es: ¿qué piensas

Los Angeles County Museum of Art (LACMA), Los Ángeles, Estados Unidos, 2001.

de los grandes museos, desde tus primeros proyectos de museo hasta el reciente proyecto del Whitney Museum y tu proyecto para Los Ángeles? Todos ellos son museos XL o XXL. En conversaciones anteriores, a menudo mencionabas la necesidad de volver a inyectar lentitud, quizá silencio, en los museos, al igual que condiciones de laboratorio en un gran edificio. Hasta ahora, ha sido un proyecto no realizado, pues en todos los grandes edificios esto tiende a desaparecer o a no aparecer siquiera. Si tomamos como ejemplo la Tate Modern, ésta ha desarrollado un modelo de éxito rápido increíble, pero no tiene ese silencio claustral que todavía existe en el Museo del Louvre. Me pregunto si podrías hablarnos sobre esta condición actual del museo y de la viabilidad para hacer que estas ideas funcionen.

En cierto sentido creo que, en la cultura contemporánea, la arquitectura no puede generar nada que garantice una solemnidad o seriedad comparables con entrar en una capilla. Creo que eso sólo podría ocurrir si existiera una gran sincronización entre el director del museo o los comisarios y los arquitectos. Y, en cierto modo, creo que se espera que la arquitectura sea capaz de resucitar pretensiones perdidas, que aminore la marcha de toda la maquinaria. La ironía es que no podrá ser nunca más que un reflejo de esas mismas cosas. No obstante, creo que es una cuestión interesante, pues hicimos un proyecto que estaba claramente basado en un itinerario acelerado y otro pausado, de modo que podías visitar el lugar a dos velocidades, a modo de visita turística y también como si hicieras una visita a la Tate. Nuestras ideas son muy diferentes, y para mí resultó bastante decepcionante; al final se optó por el proyecto de Herzog & de Meuron porque tenía esa capacidad de ofrecer serenidad e intimidad. Realmente se trata de un fenómeno que los arquitectos nunca podrán parar a no ser que exista una increíble íntima colaboración.

Hace pocos días tuve una larga conversación con Lucien Hervé —un famoso fotógrafo que tiene noventa años—, quien durante quince años fue el fotógrafo de Le Corbusier y también íntimo amigo del padre Couturier, el monje dominico que encargó la capilla Matisse, de Fernand Léger, Ronchamp, etc., y en esta conversación salió a relucir la lentitud de esos encargos. Se trataba de un monje dominico que encargó al marxista Fernand Léger un trabajo para la iglesia, una contradicción extremadamente interesante, pero también interesante en lo que se refería a la lentitud. También en la actualidad es una cuestión de quién encarga. ¿Quién encarga los museos? ¿Están éstos en peligro de convertirse en cheques-regalo de rentabilidad?

O cheques-regalo de sacrificio; en todo caso es un formulismo. No obstante, sin ser demasiado pesimista, creo que esto tiene también una virtud, y no me importa emplear la expresión "acción política" para politizar todo este debate, pues pienso que es una de las cosas surgidas a raíz del 11 de septiembre, después del cual toda una serie de procedimientos ya no son posibles. Creo que hay una conexión directa entre los sucesos del 11 de septiembre y la quiebra del sistema Guggenheim. No digo que esto sea algo bueno, pero podemos esperar una inminente transformación de las condiciones actuales. Creo que hay algo inherentemente tóxico en la economía de mercado desde el momento en que es la última palabra en ideología.

Volviendo un momento a los museos, quizá se podría hablar sobre la noción de lo impredecible y la idea de que actualmente existe una paradoja por la que los museos se construyen para el futuro, para un arte que está por venir, sobre todo en lo que se refiere a los museos de arte contemporáneo. El tema de fondo no es tanto cómo imponer esos edificios, sino cómo permitir que la auto-organización ocurra. Existe un manifiesto muy interesante escrito en París por el urbanista Yona Friedman, en el que ha desarrollado de algún modo ideas para un museo del siglo XXI. Comparaba la idea del desarrollo de un museo con su idea de no desarrollar un plan general, sino más bien desarrollar cosas que puedan provocar la auto-organización. Respecto al museo del futuro, montaba un edificio para cualquier programa provisional: "El museo no debe estar reservado a un ámbito exclusivo –arte, ciencias, tecnología–, sino sobre todo debe tener un perfil conductor hacia la vida cotidiana". Existe pues la idea de no planificar lo cotidiano, algo que Cedric Price también anticipó con su Fun Palace, su idea visionaria de 1960 cuando desarrolló un museo no planificado donde podía permitirse que se produjera un alto grado de improvisación y auto-organización. Quizá podrías contarnos tu opinión sobre estos modelos, si crees que son nostálgicos y tienen alguna relevancia en la actualidad. Mencionabas a Cedric Price...

Es difícil. Cedric Price fue mi profesor y siempre comenzaba contando una anécdota, diciendo que si venía una pareja a tu despacho porque querían una casa, tal vez lo que necesitaran era divorciarse, dando así un gran susto al inminente sistema nervioso del arquitecto. Cedric Price lo describía como una forma de modestia, diciéndole a la pareja: "No deberíais conseguir una casa, deberíais conseguir un divorcio". Y entonces un día, Charles Jenks, el padre del posmodernismo, le preguntó a Cedric Price: "¿Cómo les dices de una forma modesta que se divorcien?". En cierto sentido, éste era el problema con toda la idea de espontaneidad y con la relación entre la arquitectura y lo cotidiano. Creo que hay una situación irónica, parecida a lo que le ocurría al famoso rey Midas, quien convertía en oro todo lo que tocaba; los arquitectos son el

rey Midas a la inversa: cuando miran algo que pertenece auténti-
camente a la vida cotidiana, en ese mismo momento pierde su in-
tegridad, o al menos su espontaneidad y autenticidad. De modo
que, en ese sentido, creo tener una increíble afinidad con todos
esos esfuerzos, aunque pienso que estamos en posesión de algo
que es tanto una virtud como una maldición; la maldición es que
nunca podemos dejar las cosas tal como están; siempre tenemos
que cambiarlas, con lo que cabe la posibilidad de que cambiemos
algo espontáneo y que puede resultar impredecible y lo convirta-
mos en algo afectado. Desde luego que puedes predecir el efecto de tus actividades, pero no es posible el planear este resultado
como una parte integral de tu actividad. De modo que si lo que
se quiere conseguir es espontaneidad o cotidianidad, se debería
mantener a los arquitectos tan lejos como fuera posible.

¿Puedes contarme más sobre las cuestiones de la crítica y la subversión, y cómo se orientan, por ejemplo, en el proyecto de Harvard?
Creo que existe un dilema con lo que estamos tratando de hacer
en Harvard al intentar orientar esta cuestión. Toda persona con
buenas intenciones quiere ser subversiva pues nadie soporta la situación tal y como está. Toda persona bienintencionada quiere ser
crítica y, en ese sentido, todo el tema del cliente y de quien encarga resulta crítico; simplemente no podemos encontrar respaldo en
ser subversivo. Creo que resulta muy hipócrita suponer que uno
puede ser subversivo, pues la arquitectura siempre constituye un
esfuerzo increíblemente grande y cuesta mucho dinero. Normalmente dura al menos veinte años; aunque cada vez lo hace menos
tiempo, todavía veinte años es un mínimo generalizado. Así que
trabajar con la pretensión de que puedes ser subversivo es otra fic-
ción o cuento de hadas. Creo que se puede destrozar la arquitectura de una manera subversiva, pero no creo que como arquitecto

uno pueda ser necesariamente subversivo per se. Es un debate que he mantenido durante mucho tiempo con gente como Peter Eisenman; él es subversivo, ¡utiliza ángulos de 87º! Por decirlo de otra manera, la subversión es un estilo y nada más, pero esto no significa que no puedas involucrarte en actividades subversivas; puedes escribir contra la arquitectura, desautorizar la arrogancia de otros arquitectos, etc. También lo encontraría ofensivo: ¿qué significa una arquitectura subversiva en Las Vegas?, ¿subvertir el casino?, ¿cómo se subvierte un casino?, ¿haces que apostar sea más metafísico?, ¿tienes prostitutas mejor educadas?, ¿qué significa la subversión en ese contexto?

Debo decir que todavía puede ser una experiencia transformadora. Resultó ser una experiencia insoportable; no salí necesariamente de ella como un ser humano mejor, pero sí como alguien con un mayor entendimiento. Así pues, ¿qué se necesita para ser subversivo? Esto es lo que resulta tan molesto sobre la terminología y el discurso alrededor de la arquitectura. Siempre se piensa que lo subversivo es mejor que lo que no lo es.

¿Cómo ves los vínculos entre arquitectura y urbanismo?

Creo que es muy sorprendente que se refieran a la arquitectura y el urbanismo a la ligera, pues creo que no sólo son cosas radicalmente diferentes, sino, en realidad, opuestas. Creo que la arquitectura es un intento desesperado por ejercer el control y que el urbanismo es el fracaso de ese intento. Por tanto, creo que esa gravitación entre arquitectura/urbanismo como una sola palabra que incluye dos núcleos diferentes es la manera en cómo la nostalgia por el control se canaliza hacia dominios casi prohibidos. Lo único es que no nos enfrentamos a una nueva arquitectura, porque evidentemente no lo hacemos, sino que nos enfrentamos a una condición que no ha existido nunca antes, no sólo en su desarrollo, sino también en los resultados completamente nuevos que está creando el proceso de urbanización.

¿Puedes hablarme sobre las cuestiones de organización y auto-organización en relación a OMA y AMO en tanto que despacho/laboratorio?

En cierto sentido, no soy la persona adecuada. No es coincidencia que sólo los antiguos colaboradores hayan hablado sobre sus métodos y que yo nunca lo haya hecho, en parte por incapacidad, pero también por mi deseo de conservar el derecho a cambiar el método en un momento dado. Si observas la inevitable complacencia que implica conocer cómo ocurren las cosas, incluso los accidentes urdidos para hacer que estallen, entonces las cosas dejan de ocurrir. De modo que si hablo de mi propia experiencia reciente, creo que hay momentos que son casi aleatorios, aunque no demasiados. Ante un número de personas que te colocan bajo cierta presión en condiciones aisladas, creo que es importante trabajar contra el hecho del aislamiento. Puede resultar increíblemente útil, pero también puede ser un proceso de estancamiento verdaderamente horrible. También ha habido momentos en los que el procedimiento ha sido muy autoritario o en los que se han tomado modelos y se ha arrojado algún tipo de violencia para que las cosas ocurran. De modo que creo que todas las versiones que hayas podido leer están increíblemente blanqueadas, son versiones censuradas; la censura es una extraña forma de auto-censura de las cosas que esperas.

¹ Exposición *The art of motorcycle* inaugurada en 2001 en el Guggenheim Museum de Las Vegas [N. del Ed.].

² Véase: Koolhaas, Rem, "Junkspace", en *October*, 100, junio de 2002 (versión castellana: *Espacio basura*, Editorial Gustavo Gili, Barcelona, 2007) [N. del Ed.].

Laberinto dinámico (Seúl)

¿Cuándo fue tu primera visita a Seúl?

Mi primera visita a Seúl fue quizá hace seis años. Estábamos trabajando para Samsung y resultó ser una experiencia muy interesante, pues hicimos la primera fase del trabajo con una Chaebol (un conglomerado de muchas empresas) de una enorme megalomanía, una megalomanía realmente enloquecida. Creo que en ese momento estaban llevando a cabo seiscientos proyectos de arquitectura, y eso significaba que había un asombroso tráfico de arquitectos internacionales que no sabían nada los unos de los otros: sólo que estaban allí trabajando para el mismo cliente y qué estaban haciendo, de modo que se trataba de la típica competencia arquitectónica desagradable. Siempre estábamos rodeados por esa especie de falanges de ayudantes de ejecutivo... Lo más divertido es que nosotros estábamos haciendo una especie de museo con Mario Botta y Jean Nouvel, una combinación que no organizábamos nosotros, sino alguien próximo al presidente. En cierto momento, el presidente y su esposa se interesaron especialmente en el asunto y tuve que explicarle el proyecto al

Media City Seoul 2000: media art 200 escape, city vision clip city, subway project furniture; Seúl: comité organizador de Media City Seoul 2000.

presidente; estaba alojado en el hotel Shilla –que, por cierto, es un hotel increíble, con un grado realmente increíble de tranquilidad, como si estuvieras en un sueño en lo que se refiere a servicio y confort preferentes– y, de repente, los mismos ejecutivos de Samsung empezaron a aporrear la puerta de mi habitación a las cuatro de la mañana diciendo: "Tiene que ir a ver al presidente ahora". Yo les pregunté que por qué a esa hora. Iba a ser nuestra primera reunión y me dijeron: "¡Tiene que verlo ahora porque mañana será arrestado a las nueve de la mañana!". De modo que fui a ver al presidente entre las seis y las ocho de la mañana. La reunión resultó muy tranquila. Me explicó todo, pero, por supuesto, eso también fue la primera señal de que las cosas iban a cambiar. De algún modo, aquello fue el inicio de la crisis; cuando se empezó a hacer frente a la corrupción endémica del país, se puso de manifiesto la fragilidad de toda la estructura económica, y ésta empezó a tambalearse. Así que hicimos el proyecto, un proyecto realmente muy interesante. Tuvimos que conectar las arquitecturas diferentes de Jean Nouvel y de Mario Botta, quienes ya habían empezado. Nuestro proyecto está en su mayor parte enterrado. Son sólo dos volúmenes colocados sobre una bella colina, uno de esos parques llenos de villas, y como no queríamos añadir otro edificio, hicimos un trozo recto y horizontal, que en parte se introduce en la montaña y en parte emerge de ella, de manera que muchas de las instalaciones se encuentran bajo tierra. Fue un proyecto interesante y además se trataba de un museo y de una institución cultural. La única marca que hemos dejado en Seúl es una especie de un enorme pozo subterráneo excavado en el granito. En cierto sentido es el edificio más hermoso, y traté de convencerles, y puede que todavía lo consiga, de que dejaran el pozo, de que hicieran algo con ese increíble pozo desnudo...; es el espacio en negativo más grande que hayas podido ver nunca.

¿Puedes decirme qué es lo que te gusta en particular de Seúl?

Lo que creo que es realmente hermoso de Seúl es que se encuentra en un emplazamiento donde en realidad no puede haber una ciudad; realmente allí no hay espacio para una ciudad. Es como si la metrópolis se hubiera fundado en medio de las montañas, una ciudad que tiene que coexistir con montañas y bosques hermosos, una especie de "Manhattan alpino". La clase media vive en las partes llanas, y quienes se pueden permitir todo y quienes no se pueden permitir nada viven en las montañas. Los restos de este proyecto metabolista están dispersos por toda la ciudad, y, sencillamente, me gusta la velocidad con la que se extiende. Creo que los coreanos son el pueblo más directo de Asia; son parcos y directos, en absoluto prisioneros de la cortesía y muy divertidos.

¿Y las pantallas? ¿Te gustan esas grandes pantallas?

Creo que desde lejos son hermosas; desde las montañas se ve cómo parpadean.

Comentabas que cuando visitaste Seúl por primera vez tras la crisis económica, de repente era una ciudad totalmente diferente. La ciudad cambió por completo en pocos días...

Sí, en cierto sentido el futuro parece ser telescópico, y esto exacerba la incapacidad que siempre he tenido para conceptualizar el futuro como tal. El futuro es telescópico hasta el punto de que no sólo ya no puedes predecir los próximos cinco o diez años, sino que la aceleración que hay en todo hace que incluso el próximo mes sea completamente inescrutable e impredecible. Y una de las señales más potentes de este tipo de aceleración se encuentra en la crisis asiática y en cómo ésta ha tenido un impacto inmediato en las condiciones urbanas; en ocasiones ha durado tan sólo tres años, pero en esos tres años ha habido toda una nueva clase de brillantes chispas del milagro económico asiático. Ciudades que se levantan, que se destruyen, todo de repente... Así que mientras aquí todo el mundo escribía sobre el derrumbe, se produjo una especie de renacer y ha ganado en fuerza. En cierto sentido, todo este ciclo resultó ser un completo misterio para la gente occidental, donde nadie aprovechó su velocidad ni pudo explicar por qué ocurrió. Mi teoría es que China salvó al mundo capitalista al no ir a la bancarrota, al no devaluar su moneda y, al final, paradójicamente el sistema comunista vino a rescatar al capitalista. Es algo que no puede leerse y la demostración más perfecta de ello es Seúl −una ciudad conocida por su tráfico constante−, que, de repente, se convirtió en una especie de ciudad fantasmagórica, silenciosa y sin tráfico: una ciudad sin polución. Y quizá fue entonces cuando por fin pude comprobar que Seúl era una especie de Suiza, una ciudad realmente hermosa.

En entrevistas y textos anteriores siempre decías que despreciabas las predicciones de futuro de las ciudades; decías que preferías hablar sobre el estado actual.
Creo que cualquiera en su sano juicio debería sencillamente renunciar a ello. Todo lo que puedes esperar hoy es cierta inteligencia sobre las decisiones del día a día. Otro ejemplo que no es tan extremo como el de Asia es que, durante aproximadamente el año en que llevamos implicados en Seattle, ha habido importantes disturbios que han hecho que la ciudad quede indefensa. De ser una especie de ciudad perfecta sin apenas problemas ha pasado a ser una ciudad problemática e inquieta, donde ha tenido lugar la primera manifestación anticapitalista de importancia desde el New Deal,[1] algo que traumatizó a toda la administración; a ello se añade el hecho de que, nueve meses antes, Microsoft era una entidad totalmente enérgica, poderosa y monopolística, que

ahora está siendo expropiada y se encuentra a punto de ser dividida, y que Bill Gates, en otro tiempo todo un mito, ya no es el más alto ejecutivo de la empresa, sino su presidente, etc. Todo esto constituye una increíble demostración de que no se puede contar con ninguna certeza. Lo interesante es que los clientes tratan de burlar esta situación acelerando cada vez más todo el ritmo de la arquitectura. Edificios que hace tiempo se tenían que construir en dos años, ahora deben hacerse en uno. En este sentido, fue una buena intuición documentar la rapidez con la que puede producirse la arquitectura en nuestras investigaciones de Harvard. No obstante, nunca me hubiera imaginado entonces que lo que descubrí sobre algunos edificios de Shenzhen, que se producían con un ordenador doméstico en dos tardes, dos o tres años después podría aplicarse a nosotros. Sin embargo, es así y, a pesar de ello, nos damos cuenta que no somos lo suficientemente rápidos, o que la arquitectura nunca puede ser lo suficientemente rápida.

¿Afecta esto a la vida útil de los edificios?
En efecto, y esto es algo realmente interesante. En el proyecto de planeamiento que hicimos para La Défense de París considerábamos obsoleto desde el punto de vista teórico todo aquello que tuviera más de veinticinco años de antigüedad, lo veíamos como algo apto para ser demolido, de modo que pudiera construirse una ciudad nueva en el emplazamiento de la antigua. En aquel momento se consideró totalmente visionario y una atrocidad. Recientemente tuve que hacer una presentación para la estación de Rótterdam, adonde llegará un tren de súper alta velocidad; de nuevo lancé la teoría de que después de veinticinco años se consideraría que los edificios eran superfluos pues son muy mediocres; en esta ocasión, apenas hubo una especie de risa nerviosa

Proyecto La Défense, París, Francia, 2006.

contenida. Esta vida útil limitada de los edificios es todavía un espacio de absoluta ceguera y un auténtico tabú en Europa.

¿Y en América?

En América sólo se puede decir retrospectivamente que es cierto en muchos casos, pero nunca puedes tomarlo como base de la producción arquitectónica en los comienzos. Esto es realmente poco acertado, pues creo que podría liberarse una enorme cantidad de energía si uno pudiera ser más independiente en relación a la vida útil de un edificio y, en consecuencia, de un contexto. No obstante, por supuesto que nos contradecimos cuando realizamos un edificio y no lo proyectamos como si fuera a desaparecer dentro de veinticinco años. No obstante, la presión sería menor si se diera por hecho que un edificio va a existir veinticinco años como mucho.

¿Cuál es la relación entre lentitud y velocidad?

Mantienen una tensión muy fuerte. En ese sentido resulta fascinante considerar este medio –la arquitectura– que en la actualidad es tan popular, pero que tiene una especie de resistencia inherente a seguir por completo la tendencia actual hacia la aceleración. Constituye un auténtico interrogante para la arquitectura saber si puede acelerarse, pues también presenta una íntima resistencia, quizá mayor que la de la televisión, el cine o la música, y tal vez por esta razón resulta tan interesante hoy en día. Sin embargo, también significa que ahora hemos descubierto que la arquitectura no podrá nunca alcanzar cierta velocidad, y ese descubrimiento nos empuja hacia otro ámbito donde tiene que aplicarse el mismo tipo de pensamiento de un modo mucho más conceptual, teórico e incorpóreo.

Has mencionado el proyecto de OMA para la Biblioteca Pública de Seattle (2004). Creo que existe cierta relación entre la idea de museo y la de biblioteca, dos instituciones que a menudo son muy defensivas y también moralistas. Activar estas instituciones evoca ejemplos de la década de 1960, como, por ejemplo, el Fun Palace (1960-1974) de Cedric Price, o la forma en que Willem Sandberg dirigió el Stedelijk Museum de Ámsterdam. ¿Forma también parte de tu historia personal?

El momento en que descubrí el arte como persona independiente, básicamente cuando era adolescente, coincidió con la etapa de Sandberg. Los diseños de exposición cambiaban el museo en cada ocasión. En estos momentos el título de la exposición *Dylaby −a dynamic labyrinth* (Stedelijk Museum, Ámsterdam, 1962)−, sería profético. Todo este tipo de exposiciones fue lo que me permitió ser más moderno que mis padres... Así que, en cierto sentido, estaba como adoctrinado por ello y creo que todo esto tuvo una enorme influencia sobre mis proyectos de museos. Pero, por supuesto, incluso en la década de 1960 el museo era al mismo tiempo un lugar exigente porque insistía en la participación y presentaba temas de manera bastante agresiva. La gran diferencia entre la actualidad y la década de 1960 no reside únicamente en que se hayan perdido este tipo de agresividad o aquellas reivindicaciones, sino que las cifras absolutas están cambiando la ecuación por completo, limitando lo que puedes decir y hacer en un museo. Una de las cosas que no gustó a ningún comisario de nuestros proyectos para la Tate o el Museum of Modern Art (MoMA) de Nueva York fue la idea de crear un circuito rápido para turistas, una especie de atajo que también permitiera volver a la calma o a la intensidad. A falta de un sistema de velocidades, la experiencia del museo es acelerada para todos, algo que puede verse en las nuevas instalaciones de la Tate Modern, que no se basan tanto en acumulaciones como en "yuxtaposiciones"; las cuadrículas de Gilbert & George junto a un Mondrian, un rápido

"¡Ajá...!", ¡y a por la siguiente "rima"!; toda una especie de vía rápida contra la complejidad.

Creo que en una biblioteca este hecho es igualmente cierto. Independientemente de la ideología que puedas tener –emprender, repetir o renovar–, la pura realidad es que es necesario incorporar las cifras al concepto o al recorrido de cada uno de estos proyectos. A menudo te has referido a la era maravillosa del MoMA, "los años de laboratorio"; *fue* una época hermosa, pero creo que no se puede tener un laboratorio que visiten dos millones de personas al año. Por esta razón nuestras bibliotecas y museos tratan de organizar la coexistencia de las experiencias del ruido urbano y las experiencias que permiten la concentración y la lentitud. Es decir, en la actualidad para mí ésta es la forma de pensar más excitante; la increíble rendición a la frivolidad y cómo puede ser compatible con la seducción de la concentración y de la tranquilidad. El tema de las masas de visitantes y la experiencia esencial de la tranquilidad y de estar con la obra es el tema del proyecto de Seattle.

Richard Hamilton realizó recientemente una pieza de texto en forma de placa donde ponía "Give me a hard copy" ("Dame una copia impresa"). En realidad se trata de un fragmento extraído de la película de Ridley Scott *Blade Runner* (1982) y, por tanto, la idea consiste en que el museo te da una copia impresa y la biblioteca también. Así pues, me preguntaba cómo ves el papel del museo y de la biblioteca en lo que se refiere a las condiciones de red. ¿Cómo ves la relación entre lo real y lo virtual?, ¿cómo evitas establecer jerarquías entre las diferentes bibliotecas reales y virtuales? Creo que es muy interesante, pues en Seattle hay una red de 24 bibliotecas, y la nuestra es la principal, de modo que por sí misma ya tiene una especie de posición jerárquica, ya que se asume que el órgano principal de gobierno se encuentre en la biblioteca principal, de ahí que haya toda esa historia y rutina del centralismo. Pero, por supuesto, la biblioteca funciona completamente en red y está a punto de hacerlo aún más. Lo que encuentro fascinante es que actualmente personas como Judith Donath, del Massachusetts Institute of Technology (MIT), están desarrollando un gran trabajo buscando en Internet y también en diferentes bases de datos fuentes potenciales para crear nuevas comunidades. La ironía está en que, partiendo de la base de las condiciones de la red, que se supone que cada vez son más democráticas, pueden crearse nuevas jerarquías. En la actualidad, la pregunta latente y casi límite es: ¿Una red implica homogeneidad? ¿Implica democracia o privacidad? El discurso sobre las redes siempre ha disturbado el reparto universal, aunque no veo por qué tiene que ser así y por qué no se puede investigar su potencial opuesto. Por ejemplo, en el momento que la biblioteca sea capaz de conectar todos los datos que los lectores generan —quién lee qué libros—, se habrá llegado a una forma increíble de modernizar su función.

¿Hasta qué punto la biblioteca se convierte en un agente para guiar a las personas acerca de qué tienen que leer...?
Existe la cuestión de la privacidad, y lo mismo sucede en el museo. Por esta razón ya he dicho que no sólo es el fin del futuro, sino también el fin de la privacidad. Es un todo, como un pantano: sientes que la pared se agrieta y que sencillamente te irás. Sobre la cuestión del allanar, de la jerarquía o del valor, Internet no sólo debe allanar el valor, también puede utilizarse para crear valor pues puedes difundir el 80 % y hacer que el 10 % sea realmente complicado, y el 5 % incluso más complicado y tener más tarde un núcleo del 2 % que represente el equivalente a los libros raros: la información rara.

¿Qué colocas exactamente frente a este allanamiento del valor? Se puede crear valor en lugar de allanarlo. Lo defensivo no sólo se encuentra en los encargados, sino también en el repulsivo ámbito del arte público, que rara vez es algo más que un refuerzo nostálgico, o una compensación, de un ámbito abandonado y, por tanto, rara vez es capaz de convencer a nadie que no sea a sí mismo. Si te refieres a las ciudades envejecidas, el contexto de la ciudad ya no es únicamente físico; cuando hablamos de y pensamos sobre el contexto, todavía pensamos automáticamente en el volumen.

¿Leer será una de tantas funciones? Sí, incluso si no constituye realmente una interferencia. Desde que la lectura es sólo uno de los avances en la biblioteca, esperamos que lo que estamos haciendo sea crear espacio donde los avances puedan tener lugar. Siempre hemos hecho eso y siempre nos hemos dado cuenta de que cuando se apagan los circuitos electrónicos, no hay nadie que ejecute ese tipo de programas, nadie que conceptualice ese tipo de actividad, pese a que los propios edificios lo admiten increíblemente bien. Por esta razón somos muy vehementes sobre la gran importancia de que alguien esté al cuidado de este tipo de pensamiento. Sin embargo, la tragedia es que en las bibliotecas todavía se produce esa increíble guerra entre palabras e imágenes, incluso pese a haber desaparecido por completo en el mundo exterior.

Me preguntaba si podrías hablarnos más sobre esas diferentes plataformas de la biblioteca. Es una idea muy deleuziana, una idea de *Mil mesetas*,[2] pues realmente se trata de plataformas con una gran conectividad.
Puesto que los departamentos son muy específicos, debemos dirigir su especificidad de una forma precisa. Pero, por supuesto,

también esperamos que ocurran más cosas además de las que están definidas en el programa, de modo que entre las plataformas se encuentran los espacios públicos, menos controlados, que tienen espacio para desarrollarse. En arquitectura, como en física, la presión entre dos placas compactas puede crear por sí sola una enorme tensión, y al programar estas placas también pueden activarse acontecimientos intermedios. Tratamos de hacer que el suelo y el techo fueran interactivos, de modo que se pudieran ver nubes de color, pero también nubes de información. Un espectáculo estético, de manera que básicamente puedas influir para que la gente llegue junta a un punto concreto, o dispersarla en diferentes direcciones. En este sentido, también tenemos más ambiciones de registrar esos problemas en la arquitectura.

¿Significa todo esto que las diferentes partes no se convertirán en guetos, sino que serán intercambios interdisciplinares?
Todo trata de romper esa especie de división entre departamentos, donde una planta es esto y otra aquello de más allá. Estamos reorganizando todo eso.

¿Pero todavía se tienen cuatro partes principales?
No son realmente "principales". Se ha convertido en una espiral continua de temas, y existe un recorrido a través de ella. En mi opinión no se trata realmente de una subdivisión, sino más bien de lo que los franceses llaman *mise en relation*, que podría traducirse como "exposición continua".

La entrevista ha empezado con la ciudad, después nos hemos ido a Seattle, en concreto, a la biblioteca: hablabas de conectividad y de hiperconectividad dentro el edificio. En mi última entrevista con Peter Smithson, le pregunté cómo veía el estado presente de la ciudad, a lo que contestó: "Pienso que lo crítico sobre lo que hay que trabajar ahora es el espacio intermedio. La mayor parte del mundo exterior es una pesadilla. Trabajé en Montreal el invierno pasado, y el trayecto desde al aeropuerto internacional a la ciudad era una fábrica tras otra, un grupo de viviendas... Es increíble. Y ha ocurrido muy rápido: en veinte años, una generación casi ha acabado con la arquitectura... Pero no hay sentido de lo colectivo, del espacio intermedio: todos los edificios se construyen como si existieran por sí mismos". ¿Compartes este punto de vista? ¿No es también valido para los Países Bajos?

Observamos que existe una increíble disfuncionalidad en lo que se refiere a las conexiones. Nos interesa realmente trabajar y pensar sobre los conceptos a nivel metaestructural o infraestructural para mejorar las condiciones. La noche pasada, al arquitecto mexicano Fernando Romero le llevó dos horas y media ir de Róterdam a Ámsterdam en transporte público, en tren. Hizo todo lo socialmente correcto: fue andando a la estación, cogió el tren y el tranvía. De modo que se produce esta especie de locura de que si uno utiliza los medios de transportes públicos, tal como se pretende que hagas, tardas tres veces más que en coche. Por eso todo el mundo coge el coche y por esa razón el coche tampoco funciona. Es un círculo vicioso. Nos interesa muchísimo este tema y también se nos da bien conceptualizar intervenciones y soluciones, pero el problema es que este tema se encuentra en el nivel de los políticos, el nivel más difícil de penetrar; e incluso si consigues entrar, rápidamente te encasillarán o como un visionario, que tiene su interés pero cuyo punto de vista es irrelevante, o como una molestia..., o como un megalómano. Pienso que hay algo conmovedor sobre los Smithson y el Team 10: estaban obsesionados por conceptualizar nuevos tipos y familias de conexiones. Mi opinión acerca de su legado y su efecto es más cínico y optimista, pues creo que, en gran medida, las cosas se conectan a pesar de los esfuerzos del arquitecto. Hay una infraestructura increíble, o arquitectura de conexión, en especial en este siglo: todas las rampas, los cruces de autopistas, las conexiones peatonales, etc.; y mi creencia intuitiva es que todas ellas dificultan precisamente el tipo de comunicación que se supone que generan. En Lagos, las conexiones proliferan a pesar de las infraestructuras o las vías muertas, el fiasco de las infraestructuras. Esto es representativo de uno de los aspectos de la profesión que se enfrenta a una acción de retaguardia, pues niega todas las conexiones que ya están en un lugar, o que ya están en un espacio supuestamente perdido o residual. Y para mí, lo interesante es que estas partes autónomas puedan ahora existir por ser los restos de conexiones invisibles y que, de alguna manera, esas conexiones invisibles necesiten una arquitectura, que ese tipo de arquitectura probablemente se beneficie de una relación con la arquitectura real. Por ello nos interesa ese tipo de realidad virtual, porque permite conceptualizar algo sin ser un entendido en el uso de ordenadores o la animación por ordenador.

¿Puedes hablarme sobre tu proyecto interdisciplinar en Harvard University, el proyecto de la Escuela de Diseño de Harvard sobre la ciudad?

Harvard es una escuela de arquitectura, una escuela de paisajismo y una escuela de urbanismo donde tanto los profesores como los estudiantes son personas inteligentes y más o menos autónomas e independientes. Lo interesante es que esos grupos tienen voz y voto para nombrar nueva gente, de modo que, en conjunto, siempre se nombra a la gente conforme a lo que representan esos campos. La arquitectura ha perdido ciertas habilidades que el paisajismo ha asumido. Lo que podría ser muy interesante es juntar todos esos residuos, algo a lo que hemos llamado la "cuarta cosa", que es más una cosa que un espacio, y proclama que es el ámbito perfecto para participar en la redefinición de... Si se hiciera una consulta en una escuela como Harvard sobre toda la gente que está al margen, obviamente se obtendría una especie de gobierno en el exilio, una Harvard exiliada, pero además —y esto sería cada vez más obvio—, se encontraría que toda esa gente tiene alguna información que ya no puede encajar completamente en un molde dado. De modo que no es realmente interdisciplinario per se, sino que tiene que ver más con el poder de marginar.

[1] El New Deal fue un conjunto de medidas económicas primordialmente intervencionistas puestas en marcha por el presidente norteamericano Franklin D. Roosevelt entre 1933 y 1937 para hacer frente a lo que se consideraban las causas de la grave crisis económica de 1929. [N. del Ed.]

[2] Deleuze, Gilles; Guattari, Félix, *Mille plateaux: capitalisme et schizophrénie*, Éditions de Minuit, París, 1980 (versión castellana: *Mil mesetas: capitalismo y esquizofrenia*, Pre-Textos, Valencia, 1998). [N. del Ed.]

Entrevista sobre Berlín

Primera parte: sobre la arquitectura de Berlín

En tu libro *S, M, L, XL*[1] hay un texto titulado "Berlin Wall as architecture" ["El Muro de Berlín como arquitectura"]. ¿Puedes contarme más sobre éste, tu primer proyecto en Berlín de principios de la década de 1970?

A finales de la década de 1960 yo estaba estudiando. Era el final de un período en el que, en general, yo veía la arquitectura de una manera inocente, especialmente tenía cierto optimismo porque pensaba que podía participar en la liberación de la humanidad.

Yo era escéptico, y en lugar de mirar las villas mediterráneas o de pescadores griegas para "aprender" (como mucha gente hacía entonces), simplemente decidí mirar al Muro de Berlín como arquitectura, documentarlo e interpretarlo, ver cuál era el poder real de la arquitectura. Fue una de las primeras veces que salí y que hice un trabajo de campo. En realidad no sabía nada de Berlín y del Muro y quedé completamente asombrado por la cantidad de cosas que descubrí. Por ejemplo, apenas me imaginaba

Entrevista realizada para: *Berlin/Berlin*, Bienal de Arte Contemporáneo de Berlín, 1998.

cómo en realidad Berlín Occidental estaba cercado por el Muro. En realidad nunca había pensado sobre ese estado y la paradoja de que incluso el pensamiento estaba cercado por el muro –a Berlín Oeste se lo llamaba "libre"– y la zona mucho mayor al otro lado que no se consideraba libre. Mi segunda sorpresa fue que realmente el Muro no era un único objeto, sino un sistema formado en parte por cosas que fueron destruidas en el solar del Muro, partes de edificios que todavía se mantenían en pie y que fueron absorbidos o incorporados al Muro, y muros adicionales, algunos realmente macizos y modernos, otros más efímeros, y todos ellos hacían aportaciones a una enorme zona. Esto era una de las cosas más excitantes: se trataba de un único muro que se hacía siempre con diferentes condiciones.

En permanente transformación.
En permanente transformación. Era también muy contextual, pues cada lado tenía un carácter diferente; él sólo se ajustaba a las diferentes circunstancias. Representaba también una primera confrontación cruda de la cara poderosa y horrible de la arquitectura. Desde entonces se me ha acusado de tener una posición amoral o acrítica, aunque personalmente creo que mirar e interpretar constituye en sí mismo un paso muy importante hacia una posición crítica.

¿Cómo te sientes ante la desaparición del Muro, ante el hecho de que haya sido derribado casi por completo?
A principios de la década de 1980 hicimos una serie de concursos para Berlín que anticipaban la caída del Muro, propuestas para una "vida posterior al Muro", que preparaban un nuevo inicio sin eliminar todas las huellas...

El Muro de Berlín como arquitectura, 1970.

¿El edificio de la Internationale Bauausstellung (IBA) de 1984?
Sí, pero no el actual edificio. En un concurso anterior, la situación era mucho más interesante, más abierta, utilizando muros para excluir el impacto del Muro, simplemente mediante una proliferación de muros en los que podías vivir junto al Muro. Pensamos que la zona del Muro podía ser finalmente un parque, una especie de condición protegida en toda la ciudad. Me consternó que lo primero que desapareciera tras la caída del Muro fuera cualquier rastro suyo. Pienso que es de locos que se haya borrado esa parte crucial de la memoria, no por promotores o empresas comerciales, sino en nombre de la pura ideología; es realmente trágico. Lo paradójico es que ahora se crea una "situación china" completamente incomprensible.

¿Puede compararse con la desaparición de toda la arquitectura industrial, que documentaros los fotógrafos Hilla y Bernd Becher?
Al menos aquello desapareció por casualidad. El Muro desapareció deliberadamente y en nombre de la Historia.

¿Podrías contarme más sobre tu edificio construido para el IBA?
En realidad, estaba tan ofendido por toda la idea de reconstruir los bloques de Friedrichstadt que no trabajé en el edificio del IBA. Lo hizo mi socio Elia Zenghelis. Él no había trabajado en el concurso, así que tenía una relación más objetiva con el solar de Checkpoint Charlie. Me resultaba insoportable ir de un tipo de propuesta arquitectónica a otra completamente opuesta, así que no lo hice.

Pero estás muy involucrado en los proyectos actuales de Berlín...
Sí, ha sido muy excitante...; aquello fue al principio de la década de 1980. A principios de la década de 1990 participé en el concurso de Potsdamer Platz, y no estuve de acuerdo con el resultado;

de hecho, discrepaba no tanto con el resultado, como con la totalidad del contenido del debate, con la violencia de la discusión, con los argumentos propuestos.

¿Estás de acuerdo con Daniel Libeskind y su idea de que no debería haber un plan director, una solución global, sino que debería optarse por una vía más heterogénea, heteróclita y fragmentada? Había muchos proyectos excelentes, no sólo el de Libeskind, sino también el de William Alsop. El proyecto de Hans Kollhoff también era muy interesante. En otras palabras, no es que no hubiera ninguna propuesta interesante, y las tres de Alsop, Libeskind y Kollhoff, pertenecían a arquitectos capaces de trabajar con la destrucción, que era la esencia de Berlín, y no estaban para reparar y (re)crear una metrópolis sintética.

Tras el concurso de Potsdamer Platz se produjo un serio debate en el Parlamento de Berlín para denegarme el derecho de entrada a la ciudad... Recientemente me ha resultado muy excitante implicarme de nuevo en Berlín como arquitecto de la embajada de los Países Bajos (2000-2004). Me ha permitido volver a descubrir Berlín y, al mismo tiempo, lo holandés, cierto espíritu de aventura en el que quizá consista ser holandés, en el sentido de que se optó por una ubicación muy valiente, alejada del resto de embajadas y situada en el antiguo centro de Berlín, en otros tiempos la parte comunista, según un razonamiento muy lógico: estar más cerca de los otros ministerios. Están dispuestos a enfrentarse con la condición del Berlín Oriental. Lo que resulta fascinante de ese lugar es descubrir que también hay todo un ejército de antiguos burócratas de Alemania Oriental que son realmente mucho más racionales acerca de la reconstrucción total de la ciudad y que claramente se sienten ofendidos por el "liberalismo" del Este, que ha acabado por imponer una doctrina urbana inflexible. Así que han colaborado

Embajada de los Países Bajos, Berlín, Alemania, 2003

mucho en lo que se refiere a hacer las cosas de forma diferente. Sencillamente creo que el hecho de haber trabajado con la antigua burocracia de Alemania Oriental nos ha permitido experimentar.

En 1991 dijiste que en Berlín había prevalecido una idea conservadora de la arquitectura, algo que Philipp Oswalt explicó en su artículo publicado en la revista *ARC+*, "Der Mythos von der berlinischen Architektur" ["El mito de la arquitectura berlinesa", 1994]. Existe esta idea del reformismo conservador, que, en palabras de Hans Kollhoff, sigue lo nuevo sólo "si demuestra ser más representativo, más confortable y más hermoso que lo viejo". Pero hace poco me dijiste que si en Berlín muchas fuerzas trataran de reconstruir el centro, se convertiría en una "ciudad china". ¿Podrías explicarme qué querías decir exactamente con eso?

Creo que Kollhoff es todavía un arquitecto muy convincente e interesante y que debe separarse su discurso de lo que hace. Todavía me da la sensación de que él siente verdaderamente lo que hace. Dejando a un lado su discurso, parte de su trabajo es sólido. Lo que resulta estimulante de implicarse en Berlín en estos momentos es que la situación es completamente nueva. Pueden verse los resultados de la "primera hola" y, en cierto sentido, los admiro; al menos eran muy serios. A pesar de ello, a pesar de los increíbles esfuerzos por "controlar" la nueva sustancia y simplemente debido a la ingente cantidad de elementos construidos, se ha convertido en una ciudad china. Muestra cómo, al parecer, la ciudad china resulta inevitable en cualquier parte donde existe mucha sustancia edificatoria.

¿Cómo definirías la ciudad china?

Para mí la ciudad china es aquella que ha acumulado una gran cantidad de volumen en muy poco tiempo, algo que, por tanto, no tiene lentitud, una condición para la sedimentación de la ciudad, que para nosotros todavía constituye el modelo de autenticidad. Más allá de una cierta velocidad en la construcción, ese tipo de autenticidad se ve sacrificado inevitablemente, incluso aunque se construya todo con piedra y materiales auténticos, y esto es una especie de ironía. Por ejemplo, el color de la piedra del nuevo Berlín es el de los peores plásticos producidos en Alemania Oriental en la década de 1960, una especie de extraño color rosa, un extraño color amarillo claro de luz artificial. La nueva arquitectura no se salva de lo artificial, y sin duda tampoco de la abundancia de arquitectura generada al mismo tiempo.

Hay una historia que todo el mundo cuenta en Shanghái, que dice que el alcalde de Berlín alardeaba de la velocidad de construcción en su ciudad y el de Shanghái le respondió que su ciudad era probablemente veinte o veinticinco veces más rápida. Parece que en Alemania sepan poco acerca de lo que está sucediendo en otros lugares en lo que se refiere a desarrollo urbano y arquitectura. Para mí, esto es lo discutible del estilo prusiano, pues lo prusiano no es ni una forma de candor ni únicamente una reivindicación estratégica. En Alemania existe una profunda ignorancia sobre las condiciones que se dan fuera del país, debido a una excesiva preocupación por sí misma, y, por tanto, este tipo de malentendidos ocurren con facilidad. Al mismo tiempo, hay algo irritante en la asunción automática de la modernidad, de la "inevitabilidad" o aplicación de la condición moderna.

Por ejemplo, su transformación del Reichstag resulta como mínimo tan extraña como el hincapié que se hace sobre el edificio prusiano, ya que ambas formas son manifestaciones de inocencia o ingenuidad. Pensar que en el Reichstag se pueden exorcizar los espíritus mediante una nueva especie de cúpula es una especie de gesto político y estético muy comprometido. Se trata de una postura intelectual igualmente endeble.

¿Crees que la cúpula del Reichstag de Norman Foster tiene que ver con la "inocencia"?
Inocente en términos de legado histórico. Para Foster, la arquitectura *high tech* nunca tuvo que ver con el contexto. Es inocente, o perverso, como quieras llamarlo, sencillamente colocar una nueva cabeza a un edificio con una historia increíblemente ambigua. Por tanto, es un estado emotivo, sólo que ahora todos esos sirvientes civiles se dan cuenta de que en realidad tienen que habitar los edificios nazis como sus nuevos ministerios, con la angustia que emana de ellos y que es necesario exorcizar. Sin embargo, ¿acaso el vidrio y el acero expulsan a los malos espíritus?

Recuerdo un acontecimiento muy extraño de 1991: en el museo Martin-Gropius-Bau había una exposición, *Metropolis*, a la que siguió una fiesta en el antiguo Reichstag, que por entonces estaba abandonado. Pasé miedo.
Ahí está, Berlín da mucho miedo. Y de alguna forma, tratar de encubrirlo, tanto con un *Ersatz* [reparación] pasado como con una especie de exorcismo *Ersatz* (que es lo que está haciendo la modernidad), resulta igualmente inverosímil. También creo que la grandilocuente producción de monumentos tampoco va a funcionar, pues forma parte del "exorcismo oficial".

El monumento *The missing house* (1990), de Christian Boltanski, resulta muy interesante. Se halla situado en la Große Hamburger Straße de Berlín, en el emplazamiento de un edificio de viviendas destruido en un bombardeo aéreo en febrero de 1945. Boltanski descubrió que todos los antiguos habitantes de ese edificio habían sido judíos y construyó un espacio conmemorativo dedicado a la "ausencia". Los carteles indican los nombres de los habitantes y los lugares aproximados donde vivían en el edificio, sus fechas de nacimiento y defunción y sus profesiones, que abarcaban todas las clases sociales. Es una especie de antimonumento. Sí.

¿Y qué me puedes contar de las relaciones e intercambios entre el Este y el Oeste? En el ámbito artístico hay muy poco intercambio entre Berlín y Varsovia, entre Berlín y Praga, etc. La falta de intercambio se hace incluso más patente en Viena, que está a media hora de Bratislava, y donde todavía existe un muro en la cabeza de la gente.

Creo que tiene que ver con un completo malentendido: un único malentendido que da lugar a una serie de submalentendidos, la idea de que el encuentro entre el Este y el Oeste se basa todavía en la diferencia. Lo que no se advierte es que no existe tal diferencia. Se consideran un mercado fronterizo avanzado. Todo esto me pareció incomprensible cuando vine por primera vez a Berlín, a ese Berlín Occidental que era una especie de satélite en medio de Alemania Oriental, y ese estar en medio de otra situación es algo que todavía no han asumido completamente. Si estás trabajando en este tema y lo analizas en un contexto arquitectónico, hay un grupo de obras que deberías mirarte, una operación arquitectónica que Oswald Mathias Ungers hizo cuando era profesor de la Technische Universität (TU) de Berlín en la década de 1960. Tomó Berlín como laboratorio y dijo: "Ésta es la situación única de una ciudad completamente cercenada y artificial y que, por tanto, presenta un nuevo estado, de modo que la convertiré en un laboratorio". Investigó de una forma sistemática las condiciones de Berlín en lo que se refiere a la presencia de partículas históricas, pero también la presencia de lo contemporáneo, bajo una dimensión muy utópica y futurista. Como profesor, organizó una serie de seminarios de proyectos, donde siempre planteaba la cuestión de cómo podían convivir lo histórico y lo contemporáneo, y cómo podían coexistir las nuevas cifras y los nuevos programas con lo histórico. Por ejemplo, dedicó un curso a las carreteras y a las plazas, o a la vivienda en serie y a la puerta de Brandenburgo. Hizo un proyecto muy hermoso de cómo reconstruir la Leipziger Platz con formas completamente contemporáneas. Se trata de una especie de dominio oculto. Gente como Jürgen Sawade y Hans Kollhoff, que ahora conforman el núcleo de los arquitectos "prusianos", también estuvieron muy implicados en ello, de modo que ahí se produce una interesante ambigüedad.

Existe una modernidad latente en ello que resultó evidente en el proyecto de Kollhoff para la Potsdamer Platz; el lenguaje de la arquitectura era retro, pero el concepto de la arquitectura y del urbanismo eran muy contemporáneos.

Volviendo al artículo sobre el Muro incluido en el libro S, M, L, XL, dices que Berlín tiene que ver con la memoria, la pérdida y el vacío, algo que, por supuesto, Libeskind ha señalado en diversas ocasiones, como, por ejemplo, cuando deja vacío el centro de su edificio. Para mí, el Muro de Berlín como arquitectura supuso la primera revelación espectacular de cómo la ausencia puede ser más poderosa que la presencia. En mi opinión, no está necesariamente vinculado a la pérdida en un sentido metafísico, sino más a un tema de eficacia. En este sentido, creo que lo grande de Berlín es que mostraba (y ésta es mi propia campaña contra la arquitectura) cómo unas presencias urbanas completamente "perdidas" o unas entidades arquitectónicas completamente borradas generan, no obstante, lo que podría llamarse una condición urbana. Por ejemplo, no es coincidencia que el centro de Shenzhen no sea una sustancia construida, sino un conglomerado de campos de golf y parques temáticos; es decir, en esencia, espacios no construidos o estados vacíos. Ésa era la belleza de Berlín incluso diez años atrás; era la ciudad europea más contemporánea y vanguardista porque tenía esas enormes superficies de la nada.

Aterrizar en Berlín era muy hermoso, con todos esos vacíos y huecos en el tejido urbano.

No sólo era hermosa, sino que también tenía un potencial programático y el potencial de vivir en una ciudad que representaba de una manera muy distinta un poder extraño y único. La ironía, por supuesto, no es sólo que la arquitectura que se está construyendo no sea la correcta, sino que no esté construida en absoluto. Es una ciudad que podría haber vivido con su vacío y haber sido la primera ciudad europea en cultivar de una manera sistemática el vacío, como Róterdam, que tiene mucho vacío en su interior. Para Libeskind el vacío constituye una pérdida que puede ser ocupada o sustituida por arquitectura. Para mí, lo importante no es tanto sustituir el vacío como cultivarlo. Ésta es una especie de ciudad postarquitectónica, que ahora se está convirtiendo en una ciudad arquitectónica. Para mí, eso es un drama y no una especie de error estilístico.

De modo que no se trata de la calidad de la arquitectura que se está construyendo…
… ni de la estética.

Lo que ha ocurrido en Berlín es que este urbanismo se ha producido sin ninguna implicación por parte de las diferentes comunidades. Recientemente tuve una discusión con Itsuko Hasegawa en Tokio, quien piensa que debería avanzarse en un modelo participativo de la ciudad, de modo que los usuarios de los edificios casi pudieran decir: "Esto fue idea mía". En la actualidad muchos artistas contemporáneos trabajan sobre la participación. Que la ciudad podría haberse construido implicando a la gente es una crítica que se escucha muy a menudo en Berlín. ¿Qué opinas?

Es una cuestión muy peliaguda, pues si vas preguntando por ahí y haces encuestas reales, creo que la actual reconstrucción es muy popular, ya que la mitología actual de volver a la idea tradicional de plazas y calles podría convertirse en una plataforma muy populista. Resultan mucho más difíciles de entender el resto de condiciones de habitar el vacío o de vivir con las cicatrices, aceptar el desenfreno, la evidente competencia entre Este y Oeste y mantener la angustiosa estética. Toda la dificultad de la participación en arquitectura es completamente ambigua. Por ejemplo, de la casa de Burdeos (1996-1998) podría decirse que es arquitectura extrema por un lado, pero, por otro, que se trata de una participación extrema.

Porque es un diálogo muy fuerte.

Sí, y, por tanto, la participación no es necesariamente para que la gente pueda decir: "Esta idea es mía y esta idea es tuya", sino que, por el contrario, para llegar a una situación donde resulte imposible determinar de quién es realmente la idea, del arquitecto o del usuario.

¿Una especie de *ping-pong*?

No necesariamente, sino más bien imaginar un proceso en el que se moviliza la inteligencia de los otros. Pero no se trata de establecer un dogma según unas supuestas preferencias, que es lo que creo que está ocurriendo.

¿Puedes decirme qué te dio la idea de construir una casa para la familia Lemoine en Burdeos con una plataforma elevadora móvil? Era una casa para alguien que se quedó paralítico en la mitad de su vida, que curiosamente es muy valiente y asume su estado sin inhibición alguna. Por tanto, fue interesante pensar en una casa no que abordara el tema, sino que casi se inspirara en ello. De modo que, básicamente, hay dos actitudes hacia los discapacitados: primero, la idea de ayudarlos, pero razonando dentro de las posibilidades que todavía quedan, y construir sobre la fortaleza, que va mucho más allá de la idea de compensación; y segundo, ayudarles de modo que, en general, todo el edificio dé un paso adelante. De modo que se trata de un edificio basado completamente en sus posibilidades, y no en sus imposibilidades, lo que también ha permitido que toda la familia viva en ese tipo de lógica.

Segunda parte: *Cities on the move*[2]

En una primera propuesta para hacer un diseño de instalación para la exposición *Cities on the move* en la Hayward Gallery,[3] tu proyecto consistía en reciclar los diseños de otros arquitectos para exposiciones recientes de la galería en lugar de generar un esquema único y unificado.

He tratado siempre de ser "ahorrativo" con nuestra imaginación. El *Merzbau* (1925-1936) de Kurt Schwitters era una acumulación de detritus (urbanos) que fue reensamblada varias veces. En este caso, Ole Scheeren y, anteriormente, yo mismo tratamos de acumular los diseños anteriores para la Hayward Gallery y después reensamblarlos, casi como una forma de urbanismo. Pensé que estaría bien si la exposición revelaba una serie de cosas sobre la Hayward Gallery, en especial desde que se está cuestionando la existencia de este edificio.

Te mudaste a Londres el año en que la Hayward Gallery abrió sus puertas, en 1968.

Sí, atraído por personajes como Peter Cook y Cedric Price y la idea de que la escena arquitectónica londinense era una especie de enorme club.

¿Recuerdas la inauguración de la Hayward Gallery?

Sí, por supuesto. Quiero decir que fue *el* acontecimiento, y ahora he vivido todos sus ocasos, caídas y resurrecciones. Creo que es un espacio increíblemente vital y generoso, sobre todo porque nunca se ha conformado con las expectativas de nadie o con el modelo de lo que debería ser un espacio expositivo. Aunque todo el mundo siempre se queja, creo que la Hayward Gallery ha tenido alguna de las exposiciones mejores y más extremas que nunca he visto.

En el Louisiana Museum for Moderne Kunst,[4] donde se presentó la exposición justo antes de ir a la Hayward Gallery, la muestra se organizó creando una serie de diferentes tipologías de ciudades que seguían los numerosísimos espacios interconectados de la arquitectura del edificio, pero en el montaje de la Hayward Gallery decidiste no hacerlo así.

Me preocupaba la dispersión. La Hayward Gallery no tenía suficientes zonas diferentes como para dividir la exposición en tantas tipologías de ciudades y quería que ciertos aspectos principales resultaran evidentes. Pensé que teníamos que considerar si podíamos reducir la muestra a cuatro o cinco ciudades, que tuviera cierto sentido introductorio y una especie de cámara de comprensión que te indicara que estabas a punto de entrar en un continente en total agitación y confusión.

De este modo, a la luz del reciclaje de anteriores exposiciones de arquitectura en la Hayward Gallery, lo que hemos hecho ha sido mantener la estructura básica de la exposición anterior *Patrick Caulfield* (1999) y añadir muchos de los objetos que Zaha Hadid diseñó para *Addressing de century: 100 years of art & fashion* (1999). Utilizamos el mismo recorrido de la exposición sobre Caulfield, pero modificándolo de manera que al entrar hay una gran flecha indicándote la dirección que debes tomar, pero también hay un pasaje más pequeño que te lleva al barrio chino. Trataría de la novedad, como la construcción de aeropuertos, pero también de la decadencia, el sexo y las drogas, como en la ciudad real.

¿Piensas que en la actualidad la exposición no es suficientemente sexual?
Sí, es muy asexuada. Es decir, dado el hecho de que existe una enorme cantidad de turismo sexual y que el sexo es y ha sido siempre una de las formas más importantes de transacción entre

las gentes de las ciudades, esta muestra casi resulta ajena a todo ello. El problema es hacerlo sin exotismo, algo siempre difícil pues en Asia existe reticencia a hablar de ello. Creo que esto en realidad es un punto realmente crítico...

¿Y los arquitectos?

Para los arquitectos resulta difícil lidiar con un fenómeno tan explosivo y que parece que florece más allá de los arquitectos individuales. ¿Cómo conectar con ello? Podríamos juntar toda la arquitectura en una sala yerma de arquitectura...

¿Una cámara de tortura de arquitectura?

Es adonde irán mis proyectos...

¿Así que no hay juicio de valor?

No, no hay juicio de valor, y creo que esto permitiría que las obras se contaminasen unas a otras de una forma interesante.

¿Habrá otros cambios en la arquitectura de la exposición sobre Caulfield en la planta baja?

Haremos una especie de paisaje callejero íntimo con los pedestales de Zaha Hadid, convirtiéndolos en edificios-vídeo y en vitrinas para iconos, de modo que una de las salas se convertirá en una especie de callejón monumental. Abriremos un túnel a través del pasillo rodeando la rampa, colocando algunos vídeos y escayolas con una instalación fotográfica de Armin Linke. Encima de las cabezas habrá un dragón coche/bicicleta de Chen Zhen.

Vayamos a la planta alta.

Habrá un "zona comercial" con proyectores en la escalera, y utilizaremos otra de las grandes vitrinas de Zaha Hadid para crear un cine. Entonces tendremos una zona con cosas a la venta, lo que también nos hará ver el cine cercano como algo comercial, y después el espacio acabará con protestas políticas donde se lanzan huevos.

Mencionaste la idea del papel pintado urbano. Las paredes de toda la planta baja estarían cubiertas con papel pintado, empapeladas con imágenes urbanas, con realidades urbanas. No habrá palabras, a excepción de una portada de periódico de vez en cuando. El papel pintado es un fondo, una presencia gris omnipresente, algo abrumadora. De esto es de lo que tratan las ciudades, una pesadilla en cierto sentido. Un exceso. Una exageración urbana dentro de la Hayward Gallery.

[1] Koolhaas, Rem; Mau, Bruce, Welemann, Hans, *S, M, L, XL,* Monacelli Press, Nueva York, 1995.

[2] Véase el catálogo de la exposición: Hanru, Hou y Obrist, Hans Ulrich, *Cities on the move*, Hatje, Ostfildern-Ruit, 1997. [N. del Ed.]

[3] Véase el catálogo de la exposición londinense: *Cities on the move: Urban chaos and global change*, Hayward Gallery, Londres, 1999. [N. del Ed.]

[4] Exposición *Cities on the move* celebrada en el Louisiana Museum for Moderne Kunst, Humlebæk, Dinamarca, enero/abril de 1999 (catálogo de la exposición: *Cities on the move 4: den asiatiske storby i 90erne*, Louisiana Museum for Moderne Kunst, Humlebæk, 1999). [N. del Ed.]

Entrevista sobre Oporto

Ahora que el proyecto de Oporto se acaba de finalizar, ¿podrías
quizá contarnos las circunstancias en que se encargó?
Bien, para hablar de la Casa da Música necesito antes hablar de
una casa que no llegó a construirse. En el despacho siempre nos
ha gustado hacer casas, pues resultan tan complejas como otros
edificios: a menudo llevan el mismo tiempo y siempre trabajas con
un individuo en lugar de con una institución estatal o un complejo empresarial. Un día, acudió a nosotros un cliente holandés que
quería que le diseñáramos su casa..., pero ponía tres condiciones que creímos interesantes: primero, odiaba el desorden, de
modo que quería una casa con una enorme cantidad de espacio
para almacenaje; segundo, no le entusiasmaba mucho la vida fa-
miliar, así que quería partes autónomas de la casa para cada
miembro de la familia, pero también un espacio para sus encuentros familiares ocasionales; y tercero —todo esto sucedió antes
del año 2000—, tenía un miedo patológico al efecto 2000.[1]

Entrevista realizada para la revista de moda *Numéro*.

¿Así que el proyecto en realidad surgió a partir de sus profundas aversiones?

Así es. Hicimos una serie de experimentos y, a partir de ahí, cada vez estaba más claro que con ese "inventario de aversiones" deberíamos eliminar los ámbitos estilísticos estándar asociados a lo doméstico. Al final desarrollamos una especie de forma que estaba enteramente compuesta por definiciones negativas, la suma de todo lo que no podíamos hacer. Presentamos al cliente los planos de la casa, una casa que extrañamente vacilaba entre lo feo y lo hermoso, un volumen completamente hecho de espacio de almacenaje, de modo que nunca le faltara. Para cada miembro de la familia excavamos una especie de gruta desde el espacio de almacenaje y después perforamos un túnel a través de la casa donde la familia podía reunirse si quería. Y para la fobia al efecto 2000, sugerimos que la casa podía montarse sobre un disco rotatorio, de modo que se podía dirigir la dirección del túnel para permitir disfrutar con mayor facilidad de las vistas. Cada vez que presentábamos nuestro proyecto a aquel tipo y su familia, quedaban realmente entusiasmados, pero dos días después recibíamos un fax que pedía: "¿No podrías incorporar parte de mi antigua casa y desplazarlo todo un poco hasta este punto...?, y me gustaría tener un muro en mi jardín". Pronto se hizo cada vez más agobiante discutir con él, pues nunca se decidía.

Lo interesante de esta historia es que tiene que ver con la Europa contemporánea. En estos momentos Holanda forma parte del "núcleo traumático" europeo, un núcleo de Europa que está atormentado por el miedo, que tiene miedo de correr riesgos, que carece de mecanismos de improvisación...

Uno se ve tentado a decir que en general los clientes holandeses son liberales, ¡pero yo soy incapaz! Era increíble, nuestra relación con el cliente se basaba en la negatividad: su miedo por quedarse sin espacio y por no estar seguro de si quería o no vivir con los miembros de su familia.

Por las mismas fechas seguías desarrollando tu investigación urbana en la Harvard University, "Proyecto para la ciudad".

Sí, lo que añadió otro factor al escenario de la casa holandesa que coincidía con la preparación de mi primera visita a Lagos. Ser arquitecto hace que te ocupes muy intensamente de veinte temas diferentes al mismo tiempo. El hecho de que básicamente estén desconectados te permite –tanto de un modo azaroso como sistemático– encontrar intersecciones. El viaje a Lagos fue mi primera experiencia en África. En realidad, no había ido antes porque reaccioné mal a una vacuna y desarrollé una encefalitis que me dejó más o menos fuera de circulación durante nueve meses. Un aspecto curioso de la encefalitis son las náuseas increíblemente intensas que te pueden causar un color, una forma o un olor, algo que descubrí mientras planeaba hacer una prueba en un nuevo deportivo. Cuando el coche llegó, me molestó tanto la forma que ¡me puse enfermo! El color también me hacía vomitar. Y después me dio mucho asco el olor vulgar de su interior...; todo eso eran señales. En cualquier caso, finalmente, un año y medio después me fui a África, donde esperaba encontrarme con una especie de ambiente taciturno, que es para lo que todo el mundo te prepara. Sin embargo, me sorprendió mucho descubrir que se invierte una inteligencia increíble en hacer las cosas cotidianas, y que se dan pasos extremadamente agudos y apremiantes para asegurar la supervivencia y el progreso; en África es necesario hacer una increíble cantidad de transacciones simplemente para sobrevivir.

Daciano da Costa, mobiliario para la Casa da Música, Oporto, Portugal, 1999-2005.

¿Cómo afectó tu experiencia en África a tu trabajo en Europa?
Al volver de África, por el lenguaje corporal del cliente privado holandés, inmediatamente me di cuenta que su casa nunca se construiría. Al mismo tiempo, estábamos a tres semanas de la fecha para terminar el proyecto de la Casa da Música en Oporto. Todo vino junto en un cegador rayo de luz: eché al cliente y aumentamos el tamaño de la casa siete veces para crear un proyecto completamente nuevo para la Casa da Música. El dilema con cualquier sala de conciertos moderna es que, por razones prácticas y acústicas, la "caja de zapatos" es la mejor forma que se le puede dar. ¡En la arquitectura reciente se ha hecho un increíble esfuerzo para que la "caja de zapatos" sea interesante! Me di cuenta que el túnel que habíamos construido para esta casa tenía la forma justa de una caja de zapatos; podríamos hacer la sala de conciertos no como una caja de zapatos, sino como una parte que hubiera sido eliminada del extraño volumen. Se convirtió en la "caja de zapatos como vacío". Después de tres semanas, entregamos el proyecto y ganamos el concurso.

¿Podrías hablarnos de tu voluntad por invertir en la cultura local portuguesa, como por ejemplo al recurrir a un diseñador local?
Bueno, todo el proyecto había sido invención del pianista nacido en Oporto Pedro Burmester. Desde el principio fue un proyecto muy político. Durante el tiempo que tardé en llevar a cabo su proyecto, hubo cinco cambios de gobierno: socialistas, conservadores, socialistas, conservadores y de nuevo socialistas. Un proyecto de este tipo está siempre increíblemente expuesto al caos político y económico. Muestra cómo la continuidad es casi imposible en la política moderna y cómo cada órgano de decisiones se valida a sí mismo desautorizando las decisiones del equipo

anterior. En el caso de un edificio, las cosas se vuelven tremendamente complejas: una vez iniciado, en realidad no puedes anularlo todo, pues se consideraría como estar rechazando el cambio y la oportunidad. Así que la Casa da Música de la ciudad se convirtió en algo enormemente simbólico para la política local. Otro tema era que Oporto tiene una fuerte tradición de profesionales locales de arquitectura, de modo que definimos una relación complementaria con ella.

Incluso has colaborado con un diseñador local para todo el mobiliario.
En un país que no es completamente moderno, queríamos oficio. El mobiliario fue una de las partes más duras del proyecto, pues siempre parece nuevo. Por ello trabajamos con Daciano da Costa, un famoso diseñador de muebles de la década de 1970, porque su mobiliario parece hermoso, pero incómodo, y tiene tantas ansias por complacer...; es una especie de modernidad barroca de la década de 1970 muy hermosa. Había diseñado sofás de terciopelo rojo, divanes de aluminio dorados: un mobiliario muy interesante que sugiere comunidad, pero que también tiene una identidad personal muy marcada.

¿Podrías explicarnos cómo te has aproximado a la exploración científica de la acústica del espacio?
¡Una sala de conciertos con dos grandes ventanales a ambos lados obviamente iba a dar complicaciones! Grandes paños de vidrio plano habrían arruinado el sonido. Al ser doblados y corrugados con fines acústicos, también podían funcionar como estructura: una pared de quince metros de vidrio sin soportes verticales. Este edificio no contiene el espectáculo en su interior,

sino que lo proyecta hacia fuera, hacia la ciudad. A la vez, todos los espacios interiores están conectados visualmente, de modo que, hasta donde llego, es la única sala de conciertos en donde puedes ver y, hasta cierto punto, participar en tres conciertos al mismo tiempo.

Creo que lo interesante es la relación perdida entre compositores y arquitectos. Me preguntaba cómo tu diálogo con el mundo de la música y de los compositores se ha enriquecido de algún modo con esta experiencia.

Bien, Pedro Burmester tiene una visión precisa y sofisticada de todos los tipos de música que pueden ser interpretados en este edificio, de modo que no se trataba del típico discurso moderno donde, por razones comerciales, uno no quiere perder ni un solo tipo de público. Era más que la suma de diferentes públicos lo que era importante para la ciudad, e hizo que fuera necesario estar conectado con la iniciativa. Realmente era un proyecto social, una entidad unificadora.

¿Has estado implicado en alguno de los proyectos anteriores en los que trabajaste con un compositor o un arquitecto especialista en acústica?

Bueno, hace tres años hicimos un club en La Haya llamado The Trojan Horse, un local muy resistente y popular para conciertos de música pop. Ese tipo de "influencia real" resulta muy poco común hoy. No sé por qué resulta tan extraño hoy cuando hablas de entablar conversación con un compositor, o de un auténtico diálogo transdisciplinar; supongo que todo el mundo se encuentra encerrado en su respectiva identidad y, al mismo tiempo, nos hemos vuelto parecidos, con los mismos gustos, información, dudas.

Creo que hablamos de boquilla de los actos interdisciplinares; el acto de crear una sala de conciertos exige una integración con la ingeniería increíblemente intensa; se funciona dentro de un equipo, pero no como un encuentro.

Ya hemos hablado de tu relación con el sonido. Me preguntaba si escuchas mucha música y si asistes a muchos conciertos.

Escucho música y asisto a conciertos, pero de una forma nada sistemática; básicamente, no hay nada interesante que decir al respecto. Voy a conciertos de música clásica, de música contemporánea. Todo padre tiene muchas vidas musicales.

¿Hubo algún momento musical que te iluminara o que realmente te emocionara?

Cuando era joven solía ir a ver a Miles Davis, John Coltrane y Thelonius Monk al Concertgebouw de Ámsterdam.

[1] El efecto 2000 consistió en un problema informático del año 2000 provocado por la costumbre que habían adoptado los programadores de omitir el año para el almacenamiento de fechas (generalmente para economizar memoria), asumiendo que el *software* sólo funcionaría durante los años cuyos nombres comenzaran con 19. [N. del Ed.]

Hans Ulrich Obrist (Zúrich, 1968) fundó en 1993 el Museum Robert Walser como un museo migratorio y arrancó el programa Migrateurs del Musée d'Art Moderne de la Ville de Paris, donde trabajó como comisario de arte contemporáneo. Desde 2006 es codirector de la Serpentine Gallery de Londres, ciudad en la que vive y trabaja. Desde 1991 hasta la actualidad ha sido comisario de numerosas exposiciones de arte contemporáneo y ha editado los textos de Gerhard Richter, Louise Bourgeois, Gilbert & George, Maria Lassnig, Leon Golub y otros, y es el editor de una colección de libros de artista.

Rem Koolhaas (Róterdam, 1944) se formó como arquitecto en la Architectural Association de Londres. Director de Office for Metropolitan Architecture (OMA) de Róterdam, ha ganado el Premio Pritzker en 2000 y el Premio de Arquitectura Contemporánea de la Unión Europea/Premio Mies van der Rohe en 2005 por la Embajada de los Países Bajos en Berlín. Entre sus obras construidas se incluyen: Euralille (Lille, 1988), Teatro de Danza de los Países Bajos (La Haya, 1988), viviendas Nexus (Fukuoka, 1991), Kunsthal (Róterdam, 1993), Educatorium (Utrecht, 1993-1997), centro de estudiantes para el McCormick Tribune Campus (IIT, Chicago, 1997-2003), Casa da Música (Oporto, 1999-2005), Guggenheim Museum (Las Vegas, 2002), Embajada de los Países Bajos (Berlín, 2003), diseño de tiendas para Prada (Nueva York, 2003; Los Ángeles, 2004), Biblioteca pública (Seattle, 2004), y la sede de la CCTV (Pekín, 2004-2007). Rem Koolhaas vive en Londres y tiene despachos en Róterdam, Nueva York y Pekín.